AF483016

EXTRAIT DES REGISTRES DU PARLEMENT.

ENTRE les Prieur, Docteurs & Bacheliers de la Maison & Société de Sorbonne, cy-devant saississans & poursuivans les criées de la Terre & Seigneurie de Barbezieux sciuée en la Province de Xaintonges ; Et à present l'ordre de la somme de deux cens soixante milles livres provenuë de la vente & adjudication par decret de ladite Terre, faite le vingt-troisieme Juillet 1677. & opposans ausdites criées, d'une part ; Et Messire Armand Jean du Plessis Duc de Richelieu, Legataire Particulier & Universel de Messire Armand Jean du Plessis, Cardinal de Richelieu son Oncle partie saisie de Messire Michel le Tellier, Chevalier Seigneur de Chaville & de la Ferté-Gaucher, Conseiller du Roy en tout ses Conseils, Secretaire & Ministre d'Estat ; les Doyen, Chanoines & Chapitre de l'Eglise Cathedralle S. Pierre de la Ville de Xaintes : Maistre Philippe Dormoy Prestre, Conseiller & Aumonier ordinaire du Roy, & Principal du College Nostre Dame des Dix-huit fondé en l'Université de Paris, & les Bourciers dudit College ; Messire François Marquis de Haultefort, Chevalier des Ordres du Roy, premier Escuyer de la Reyne : Messire Jean François Jolly Seigneur de Fleury, Conseiller en la Cour : Messire Edoüard Colbert Chevalier Seigneur de Villacerf, Premier Maistre d'Hostel de la Reyne ; Messire Jean Baptiste Michel Colbert Evesque de Montauban : Messire François Glué Seigneur d'Espinville, Conseiller au grand Conseil, Donataire Universel de Defunte Dame Anne Glué, au jour de son deceds Veufve de Pierre Merault Secretaire du Roy, exerçant les Droits de   Vaucelas, Me. Jacques Luce cy devant Procureur en lad. Cour, ayant droit par declaration de Maistre André Chaufourneau aussi Procureur en la Cour, qui estoit subrogé aux droits de Messire Damien Martel Marquis de Servac : Maistre Louis Choiselat Secretaire des Finances de Monsieur Duc d'Orleans : Damoiselle Marie Baudin veufve M. Jacques Collet : M. Michel Collet Advocat en la Cour : Damoiselle Gabrielle Collet femme de Messire Gabriel Chassebras Seigneur de la Grande Maison, Conseiller en la Cour des Monnoyes, separée de biens d'avec luy, autorizée par Justice à son refus, à la poursuitte de ces droits, & Damoiselle Marie Marthe Collet Fille emancipée & jouïssante de ces droits, procedante sous l'authorité de Me. Louis Doulcet Procureur en ladite Cour, son Curateur aux causes, lesdits Collet Enfans & Heritiers dudit Jaques Collet ; Dame Marguerite de Salusse veufve Gille de la Cointerie-Perdrix Secretaire du Roy : Jacques Noury Marchand Orfevre Bourgeois de Paris : Elisabet Noury veufve de Simon Laudet Marchand à Paris : Elisabet Jeanne, Marguerite & Claude Noury : lesdits Noury Enfans & Heritiers de Jean Noury Marchand Orfevre à Paris : Dame Anne Sanguin veufve Messire Guillaume Raoul Seigneur de la Bourgere, Messire François Henry de Montmorency Duc de Luxembourg, Pair & Marechal de France, & Dame Marie Magdelaine Claire Bonne Therese de Luxembourg sa femme, Messire Michel le Prestre Seigneur de Marseille, tant en son nom que comme cessionnaire & ayant les droits de Messire André Claude le Prestre son frere Chevalier Seigneur de Beauregard, Dame Marie le Prestre veufve Messire Louis de Gaignon Seigneur de Villaine, Dame Marie Françoise Feydeau veufve Messire Hierosme le Maistre Conseiller du Roy en ses Conseils, President en la quatriéme Chambre des Enquestes de la Cour, tant en son nom que comme tutrice des Enfans Mineurs dudit deffunt & d'elle, Dame Magdelaine Houel femme de Messire Jean Bochard de Champigny Conseiller du Roy en tous ses Conseils ; de luy autorisée par son Contrat de Mariage, auparavant veufve Messire Jean de Boissiere Seigneur d'Herbelay, de Souchay, Messire Jean Baptiste de Cassagnet Chevalier Marquis de Tilladet, Maistre de la Garde-robe du Roy, & Mestre de Camp d'un Regiment de Cavallerie entretenu pour le Service de sa Majesté, legataire universel de deffunt Messire Gabriel de Cassagnet Chevalier Seigneur de Tilladet son Pere, Dame Marie Magdelaine Therese de Vignerod Duchesse d'Aiguillon, Pair de France, Comtesse d'Agenois & de Condonnois, Messire Armand Jean de Peyré Abbé de Trois-Villes, Abbé de l'Abbaye de Montirandé, Messire Joseph Henry de Peyré Chevallier Comte de Trois-Villes, Heritiers de Dame Anne de Guillon leur Mere & ayant droit par transport de Messire Armand Jean de Peyré de Trois Villes leur Pere, Messire Louis de Campet Chevallier Seigneur de la Riviere, Messire François Philippeaux Chevallier Seigneur d'Herbault, Conseiller en la Cour, & Dame Anne Loisel sa femme Heritiere de Messire Anthoine Loisel aussi Conseiller en ladite Cour son Pere, Messire Jean Louis de Courbon Chevallier Marquis de Saint Sauveur ; soy disant auoir les droits de Mademoiselle Marie Louise d'Orleans, Jean Roy sieur de Gamelin, Estienne, Catherine & Elisabeth Plomet emancipés procedant sous l'autorité de M. Sigismond Constant leur curateur, & ledit Constant comme Tuteur de Françoise Plomet, Messire Jean Tambonneau Conseiller du Roy en ses Conseils, President en sa Chambre des Comptes à Paris, Messire Jean Turgant cy-devant Me. des Requestes, Messire Adrian de Hannivel sieur de Mennevillette & Me.

A

Chriftophle Joffier Commiffaire des Guerres ; Creanciers & Directeurs des autres Creanciers tant de deffunt Meffire Thomas Bonneau & Pierre Aubert que de Meffire Claude Chaftelain Secretaire du Roy, Nicolas Houzé fieur de la Boullaye Gentil-homme ordinaire du Roy tuteur des Enfans Mineurs de luy & de Damoifelle Catherine Faure fa femme Heritiere Beneficiaire de Richard Faure fon Pere, François Bernardin, Jean Chafteau Bourgeois de Paris Meffire Jacque Amelot Chevallier Seigneur de Chaillou, Confeiller du Roy en fes Confeils, Maiftre des Requeftes ordinaire de fon Hoftel, Maiftre François de Halloy Advocat en la Cour, & Jean Baptifte de Mouchy fieur Defcoupelles directeur des Creanciers de Pierre Niguelle & de Charlotte du Fourmy fa femme, Jean Bruneau Bourgeois de Paris exerçant les droits & actions de la fucceffion & heritiers de Meffire Thomas Bonneau fieur de Valleur, Jean le Noble Huiffier audiancier au Chaftelet de Paris, Jean Efcorolle-du-Bois Bourgeois de Paris, Meffire Louis de Campet Chevallier Seigneur de la Riviere, & Charle de Loris heritier de ladite Charlotte du Fourmy ; Tous oppofans aux criées de ladite Terre & Seigneurie de Barbezieux d'autre. Et entre ledit François Marquis de Haultefort oppofant en foubs-ordre fur ledit François Bernardin & Jean Chafteau fuivant l'acte du 14. Aouft 1677. d'une part, & lefdits Bernardin & Chafteau oppofants aufdites criées de ladite Terre de Barbezieux venduë & adjugée fur ledit Duc de Richelieu, & lefdits de Sorbonne pourfuivant l'ordre & diftribution du prix de ladite Terre d'autre ; & entre François Nolin Huiffier aux Requeftes du Palais oppofant en foubs-ordre fur ladite Elifabet Noury pareillement oppofante aufdites faifies & criées fuivant l'Acte du 20. Mars 1667. d'une part, & lefdits de Sorbonne audit nom de pourfuivants d'autre, & entre Claude le Febvre Maiftre Tailleur d'Habits à Paris, & Meffire Louis de Vaffe oppofans en foubs-ordre fur ladite Marie le Preftre fuivant les actes des treze Mars, vingt-deux Novembre audit an 1677. d'une part, & ladite le Preftre oppofante aufdites criées & lefdits de Sorbonne audit nom de pourfuivans d'autre, & entre Maiftre François Forcadel Commiffaire General des faifies reelles oppofant aufdites criées en foubs-ordre fur la collocation dudit Jacque Noury fuivant l'acte du 19. Mars 1678. d'une part, & lefdits de Sorbonne pourfuivants ledit ordre & ledit Jacque Noury d'autre, & entre Meffire Jean Guyet Confeiller du Roy Maiftre ordinaire en fa Chambre des Comptes à Paris, oppofans en foubs-ordre fur ledit Michel le Preftre fuivant l'acte du 19. Febvrier 1678. d'une part & lefdits de Sorbonne pourfuivants ledit ordre, & ledit le Preftre d'autre, & entre Meffire Gafpard de Fieubet Confeiller d'Eftat & Chancelier de la Reyne, oppofant en foubs-ordre fur ledit Phelipeaux fuivant l'Acte du 5. Febvrier audit an 1678. d'une part, & lefdits de Sorbonne pourfuivants ledit ordre & ledit Phelipeaux d'autre, & entre Maiftre Jacque Buquet Procureur en la Cour tant en fon nom que comme ayant fuccedé à l'Office pratique de deffunt Maiftre Charle Durand auffi Procureur en ladite Cour intervenant & demandeur en Requefte du 5. Avril 1678. & oppofant en foubs-ordre fur la colloquation de ladite Magdelaine Houel d'une part, & lefdits de Sorbonne audit nom de pourfuivans ledit ordre, & ladite Houel fur laquelle ledit Buquet demande d'eftre colloqué en foubs-ordre, deffendeurs d'autre, & entre François Paul Maiftre Doreur à Paris intervenant & demandeur en Requefte du 23. Decembre 1678. d'une part, & lefdits de Sorbonne pourfuivans ledit ordre & ledit Armand Jean du Pleffis Duc de Richelieu Legataire univerfel dudit Cardinal de Richelieu fon Oncle partie faifie, deffendeurs d'autre, & entre les Directeurs de l'Hopital general intervenans & demandeurs en Requefte du 31. du Mois de Decembre 1678. d'une part, & lefdits de Sorbonne pourfuivans ledit ordre, ledit Armand Jean du Pleffis Duc de Richelieu legataire univerfel & particulier dudit Cardinal de Richelieu fon Oncle, partie faifie, & ladite Marie Magdelaine Thereze de Vignerod Ducheffe d'Aiguillon legataire univerfelle de ladite Marie de Vignerod Ducheffe d'Aiguillon oppofante audit ordre, deffendeurs d'autre, & entre lefdits de Sorbonne demandeurs en Requefte du 21. Avril audit an 1678. d'une part, & Maiftre Robert Sanfon Receveur des Confignations de la Cour, ladite Magdelaine Houel, ledit Duc de Richelieu & lefdits Jacque, Elifabeth, Jeanne, Marguerite & Claude Noury Enfans & Heritiers dudit Jean Noury deffendeurs d'autre, & entre Michel Charle Efcuyer Confeiller Secretaire du Roy, Damoifelle Suzane Charle femme de Maiftre Michel Jubinot auctorizée par juftice à la pourfuitte de fes droits, Dame Anne Saulnier, veufve de Me. Pierre Gaguot, Maiftre Charle Capitain, Maiftre Nicolas Dupont à caufe de Damoifelle Charlotte Capitain fa femme, Anne le François veufve M. Anthoine Bonigalle, Bonnaventure Guyart & Jeanne le François fa femme, Julien Befnard & Marguerite le François fa femme, & Damoifelle Marie & Denyfe le François Filles majeure ufantes & jouiffantes de leur droits, tous Heritiers de Maiftre Nicolas Charle Confeiller du Roy, Notaire au Chaftelet de Paris, Damoifelle Marguerite Charpentier veufve de Maiftre Claude le Mazier Confeiller du Roy & Avocat de fa Majefté au Chaftelet de Paris, Mere & tutrice des Enfans Mineurs dudit deffunt & d'elle, & Maiftre Nicolas Vitart Seigneur de Paffi fur Marne Advocat en la Cour, & Damoifelle Margueritte le Mazier fa femme, lefdits mineurs heritiers par reprefentation de leur Pere avec ladite Mar-

guerite le Mazier , de Maiſtre François le Mazier Procureur en la Cour , & Margueritte Paſ-
ſart ſa femme oppoſants en ſoubs-ordre ſur ladite Marie Magdelaine Thereze de Vignerod
Ducheſſe d'Aiguillon ſuivant les ſactes des 11. Febvrier & 7. Mars 1679. d'une part , & leſdits de
Sorbonne pourſuivans led. ordre ſur ledit Duc de Richelieu d'autre , & entre ledit Buquet Procureur en la Cour , en ſon nom , demandeur eu Requeſte du treize Avril 1679. d'une part , & leſdits de Sorbonne , deffendeurs d'autre ; & entre leſdits Directeurs de l'Hopital General , oppoſans en ſoubs-ordre ſur la colloquation de ladite de Vignerod Ducheſſe d'Aiguillon , ſuivant l'A-
cte du 4. Mars 1679, d'une part ; & leſdits de Sorbonne pourſuivans ledit ordre d'ordre , & entre ladite Margueritte de Saluſſe , veuve dudit de la Cointerie-Perdrix , demandereſſe en Requeſte
du 9. Juin 1679. d'une part , & ladite Marie Magdelaine Thereze de Vignerod Ducheſſe d'Aiguillon , legataire univerſelle de ladite deffunte Marie de Vignerod auſſi Ducheſſe d'Aiguillon , def-
fendereſſe d'autre , & entre ladite de Saluſſe veuve dudit de la Cointerie-Perdrix , oppoſante en
ſoubs-ordre ſur la collocation de ladite de Vignerod Ducheſſe d'Aiguillon , ſuivant l'Acte du 24.
May 1679, d'une part , & leſdits de Sorbonne pourſuivans ledit ordre d'autre , & entre leſdits
de Sorbonne pourſuivans ledit ordre du prix de lad. Terre & Seigneurie de Barbezieux , ſur ledit
Armand Jean du Pleſſis Duc de Richelieu , legataire univerſel dudit Cardinal de Richelieu , demandeurs en Requeſte du cinq Juin 1679. d'une part , & Maiſtre Edme Jolly Preſtre , Superieur
General de la Congregation de la Miſſion de Saint Lazare , Frere Paul Ragneau Jeſuite , Procureur des Miſſions de la nouvelle France , Maiſtre Luc Termanel , Michel Gazil & Robert Marie d'Eu , Preſtres , Directeurs & Procureurs du Seminaire des Miſſions Eſtrangeres eſtabli à
Paris ruë du Bac , les Pauvres Honteux des Faubourgs de Paris , les Filles de la Providence , la
Maiſon des nouveaux Catholiques du Fauxbourg Saint Victor à Paris , les Jeſuiſtes de la Maiſon
de Saint Louis à Paris , Frere Philippes Cheou auſſi Jeſuiſte , faiſant pour les Miſſions du Le-
vant , & les Eſclaves Chreſtiens detenus par le Grand Seigneur , Maiſtre Joſeph Boucher Docteur
de la Maiſon & Societé de Sorbonne , Curé de S. Nicolas du Chardonnet , la Communauté dud.
S. Nicolas du Chardonnet , la Communauté des Filles de Sainte Geneviéve eſtablies à Paris ſur
le Quay de la Tournelle , les pauvres Malades de S. Marcoul , les Religieuſes du Monaſtere
des Bernardines ruë de Vaugirard , le Seminaire des nouvelles Catholiques de la Ville de Lou-
dun , Damoiſelle Geneviéve de Fourvillon veufve Daniel Feuillet , eſtant aux droits de l'Hopital
General de Paris , les Religieuſes du Monaſtere des Carmelites de la ruë Chapon , les Filles de
la Charité eſtablies proche Saint Lazare , les Filles de la Congregation de la Croix eſtablies en
l'Hoſtel des Tournelles ; les Religieuſes de Sainte Marie Magdelaine de la ruë des Fontaines
prés le Temple ; les Religieuſes Hoſpitalieres de la Miſericorde de Jeſus du Fauxbourg Saint
Marcel ; les Religieuſes du Calvaire ruë de Vaugirard ; les Religieuſes du Saint Sacrement de la
ruë Caſſette ; les Religieuſes Carmelites du Fauxbourg Saint Jacques ; les Pauvres Malades
de la Paroiſſe Saint Sulpice , les Gouverneurs & Adminiſtrateurs de l'Hoſtel-Dieu de Paris ,
& des Incurables de Paris , les Filles de Saint Joſeph , les Freres de l'Hopital de la Charité de Paris
les Filles de la Congregation de la Croix de Ruel , les Pauvres Honteux dudit lieu de Ruel , les
Gouverneurs & Adminiſtrateurs de l'Hopital General des Enfans Trouvez , & de la Maiſon du
Refuge , les Religieuſes Benedictines Angloiſes du Champ de l'Allouette , les Gouverneurs du
grand Hôpital & Maiſon-Dieu d'Orleans , les Directeurs & Adminiſtrateurs de l'Hopital de
Sainte Reine d'Alize , les Adminiſtrateurs des Confreres Paternels & de Sainte Agnes de la Par-
roiſſe Saint Euſtache , François Girardon Sculpteur ordinaire du Roy , Catherine de l'Eſpinay ,
Jean Deſmeaux , dit la Riviere , Pierre Landray , Jacques Larger , Jean Verger , Jean le Large ,
dit petit Jean , & Thomas Broüillard Jardinier du Chaſteau de Ruel , tous legataires particuliers
de ladite deffunte Marie de Vignerod Ducheſſe d'Aiguillon , & Ceſſionnaire de ladite
Marie Magdelaine Thereze de Vignerod , auſſi Ducheſſe d'Aiguillon , legataire univerſelle de lad.
deffunte , deffendeurs d'autre ; Et entre leſdits de Sorbonne pourſuivans ledit ordre du prix de
ladite Terre de Barbezieux ſur ledit Armand Jean du Pleſſis Duc de Richelieu , legataire univerſel
& particulier dudit Cardinal de Richelieu demandeur en Requeſte du vingt-ſept Novembre 1679
d'une part ; & Meſſire Nicolas Armand de Sallard Chevalier Seigneur de Bouron , Marlotte ,
Jacqueville , & autres lieux , Capitaine au Regiment des Gardes Françoiſes de ſa Majeſté , au
nom & comme ayant droit par tranſport de ladite Magdelaine Houel , femme non commune en
biens dudit Bochard de Champigny , oppoſante aux criées de ladite Terre defendeur d'autre ,
& entre ledit de Sallard Intervenant & Demandeur en Requeſte du 7. Decembre audit an 1679.
affin d'eſtre colloqué en ſoubs-ordre ſur ladite Houel de Champigny d'une part , & leſdits de Sorbonne & ladite Houel , deffendeurs d'autre ; & entre Maiſtre Pierre de Vaſſé , Chevallier non
Profex de l'Ordre Saint Jean de Jeruſalem , oppoſant en ſoubs-ordre ſur ladite Houel , ſuivant
l'Acte du douze Janvier 1680. d'une part ; & leſdits de Sorbonne pourſuivans ledit ordre du
prix de la Terre de Barbezieux ſur ledit Duc de Richelieu & ladite Houel d'autre ; & entre Iſaac
Groſſard ſieur de l'Epine , Tailleur de la grande Eſcurie du Roy , ayant droit par tranſport
de Richard le Meſle Bourgeois de Paris , oppoſant en ſoubs-ordre ſur la colloquation dudit

Philippeaux , suivant l'Acte du 22. Decembre 1679. d'une part , & lesdits de Sorbonne pourfuivans ledit ordre , & ledit Phelippeaux deffendeurs d'autre ; & entre Mademoifelle Anne Marie
Louife d'Orleans, Fille aifnée de feu Monfieur, Fils de France, Oncle unique du Roy, Duc d'Orleans, Souveraine de Dombes , Duchefſe de Montpenfier , Chaftelleraut , Saint Fargeau , Com-
tefſe d'Eu, premiere Paire de France, oppofante en foubs-ordre fur la collocation de Meffire Alexandre de Courbon, fuivant l'Acte du 20. Janvier 1680. d'une part ; & lesdits de Sorbonne pourfuivans , & ledit de Courbon Chevallier , Marquis de Saint Sauveur, deffendeur dau-
tre ; & entre Mademoifelle Anne Marie Louife d'Orleans, oppofante en foubs-ordre fur ledit
Jean Louis de Courbon , Marquis de Saint Sauveur, fuivant l'Acte du dix Février 1680. d'une
part , & lesdits de Sorbonne pourfuivans ledit ordre , & ledit Jean Louis de Courbon , deffendeur d'autre ; & entre lefdits Armand Jean de Peyré de Trois-villes , & Jofeph Henry de Peyré
Comte de Trois-villes , demandeur en Requefte du 27. Mars 1680. d'une part , & ladite Marie
Magdelaine Thereze de Vignerod , Duchefſe d'Aiguillon , deffendereffe d'autre ; & entre lefdits
de Sorbonne oppofant à l'execution de l'Arreft du 5. Septembre 1679. & demandeurs en Requefte du 11. May 1680. d'une part , & lefdits de Courbon , & Mademoifelle Anne Marie Louife
d'Orleans, Ducheffe de Montpenfier , deffendereffe d'autre ; & entre Meffire Jacques le Vayer
Confeiller du Roy en fon grand Confeil, oppofant en foubs-ordre fur la collocation de ladite Marie le Preftre , fuivant l'Acte du 24. Novembre 1679. d'une part , & ladite Marie le Preftre &
lefdits de Sorbonne d'autre , & entre lefdits Meffire Jean Tambonneau de Malbranche & Confors, Creanciers & Directeurs des autres Creanciers defdits Bonneau , Aubert & Chaftelain
oppofans en foubs-ordre fur ladite Marie Magdelaine Thereze de Vignerod, Duchefſe d'Aiguillon
fuivant l'Acte du treize Avril 1680. d'une part , & lefdits de Sorbonne pourfuivans , & ladite de Vignerod Duchefſe d'Aiguillon , deffendeurs d'autre ; & entre Maiftre Nicolas Moreau
cy-devant Procureur en la Cour , oppofans en foubs-ordre fur ladite le Preftre , fuivant l'Acte du
11. May 1680. d'une part , & ladite le Preftre & lefdits de Sorbonne , deffendeurs d'autre ; &
entre ledit Meffire François Marquis de Haultefort , demandeur en Requefte du premier Juillet
1680. d'une part ; & lefdits de Sorbonne, Duc de Richelieu , & ledit Chafteau , deffendeurs
d'autre ; & entre ledit Jean Louis de Courbon , demandeur en Lettres de Refcifion de Chancellerie , du 3. Juillet audit an 1680. & en Requefte du cinq defdits mois & an d'une part ; &
lefdits de Sorbonne, & Duc de Richelieu , deffendeurs d'autre ; & entre Suzanne Marie Jouin,
fille majeure ufante & jouïffante de fes droits, oppofante en foubs-ordre fur ladite Marie le
Preftre fuivant l'Acte du 6, Juillet 1680. & demandereffe en Requefte du 9. defdits mois &
an d'une part , & ladite le Preftre & lefdits de Sorbonne deffendeurs d'autre , & entre ledit
Jean Louis de Courbon demandeur en lettres de refcifion de Chancellerie du 13. dudit Mois
de Juillet 1680. & en Requefte du 25, defdits mois & an , d'une part , & lefdits de Sorbonne
& Duc de Richelieu deffendeurs d'autre , & entre Meffire Charles de Rohan Prince de Guimené Duc de Montbazon Pair de France au nom & comme ayant efpoufé Dame Charlotte
de Cochefillet de Vaucelas , feule Heritiere de Meffire Guillaume de Cochefillet Comte
de Vaucelas fon Oncle , & Dame Françoife Aubry veufve Meffire Charle de Cochefillet Comte
de Vanumeux demandeur en Requefte du 17. Juillet 1680. d'une part , & lefdits Glué , d'Efpinville , Duc de Richelieu , de Vignerod Duchefſe d'Aiguillon & lefdits de Sorbonne deffendeurs d'autre , & entre Meffire Pierre Merault Seigneur de Gif , Confeiller en la Cour ,
Meffire Pierre de Larche Confeiller en icelle , Prefident en la deuxiéme Chambre des Enqueftes , & Meffire Abel de Sainte Marthe Confeiller en la Cour des Aydes demandeur en
Requefte du 22. dudit mois de Juillet 1680. d'une part , & lefdits Glué d'Efpinville, de Sorbonne pourfuivants & Duc de Richelieu partie faifie deffendeurs d'antre , & entre Nicolas
Metinier ayant droit par tranfport de Dame Marie Daudigue oppofante en foubs-ordre fuivant l'Acte du onze May 1680. demandeur en Requefte du 14. defdits mois & an d'une part
& ledit Glué d'Efpinville & lefdits de Sorbonne efdits noms pourfuivants deffendeurs d'autre
VEU par noftre Cour de Parlement l'Extrait de l'adjudication faite au Greffe d'icelle le 23
Juillet 1677, de ladite Terre & Seigneurie de Barbezieux , fes circonftances & dépandances
faifie à la Requefte defdits de Sorbonne fur ledit Armand Jean du Pleffis Duc de Richelieu
au profit de Meffire Michel le Tellier Chevallier Seigneur de Chaville la Ferté-Gaucher
Confeiller du Roy en fes Confeils , Miniftre d'Eftat & Chancelier de France , moyennant le
prix & fomme de deux cens foixante mil livres , les Actes d'oppofitions defdits Creanciers oppofans formées au Greffe de ladite Cour fur ladite Terre & Seigneurie de Barbezieux , Arrefts
des 13, Juillet, 24. Aouft, 27. Novembre & 3. Decembre 1677. 1, Juillet 1678. & 4. Mars
1679. pris par lefdits de Sorbonne pourfuivant par lefquels fur l'ordre & diftribution defdits deniers les parties auroient efté appointées à fournir caufes d'oppofition, refponces & produire caufes d'oppofition defdits de Haultefort , Jaque, Elifabeth , autre Elifabeth, Jeanne Marguerite , & Claude Noury, Marie Baudin , Michel, Gabrielle, & Marie Marthe Collet, Jean
François Jolly d'Ormoy Principal du Collége Noftre-Dame des Dix-huit & Bourciers dudit
Collége, Marie Françoife Feydeau de Courbon , Philippeaux & fa femme, Marie Magdelaine Therefe de Vignerod Duchefſe d'Aiguillon, & Chafteau eftant aux droits dudit Bernardin

Tambonneau

Tambonneau de Malbranche ; de Hannivel & Joffier Creanciers & Directeurs des autres Creanciers defdits Tambonneau, Pierre Aubert & Claude Chaftelain & le Noble. Requefte defdits
de Sorbonne, Magdelaine Houel, Marguerite de Saluffe, Luce Glué, d'Efpinville, Edouard
Colbert de Villacerf, le Tellier Chancellier de France, Jean Baptifte Michel Colber Evêque de
Montauban, Michel & Marie le Preftre, Choifelat, Armand Jean de Peyré de Trois Villes & Jo
feph Henry de Peyré de Trois-Villes, de Caffagnet de Tilladet, Bruneau & Amelot de Chaillou,
employés pour caufes d'oppofition. Requefte defd. Houel, d'Ormoy Principal & Bourciers du College des Dix-huit, employés pour additions de caufes d'oppofition ; fommations de fournir de
refponces aufdites caufes d'oppofition & aufdites additions par ledit Armand Jean du Pleffis
Duc de Richelieu, partie faifie, production defdits de Sorbonne, de Haultefort, Magdelaine
Houel, Jaquin, Elifabeth & autre Elifabeth Jeanne Marguerite & Claude Noury, Marguerite de Saluffe, Luce Glué, d'Efpinville, Marie Baudin, Gabrielle & Marie Marthe Collet,
Colbert de Villacerf, le Tellier Chancellier de France, Colbert Evêque de Montauban, Jolly,
de Fleury, d'Ormoy Principal du College des Dix-huit & Bourciers dudit College, Michel
& Marie le Preftre, Marie Françoife Feydeau, Choifelat, Armand Jean de Peyré de Trois-Villes & Jofeph Henry de Peyré de Trois-Villes, de Courbon, Philippeaux & fa femme, de Vignerod Ducheffe d'Aiguillon, Chafteau, Tambonneau & conforts Creanciers & Directeurs des
Creanciers defdits Bonneau, Aubert & Chaftelain, le Noble, Bruneau, Amelot de Chaillou &
Efcorolle du Bois ; Requefte defdits de Sorbonne, & de Caffagnet de Tilladet employée pour
productions ; Requefte defdits de Sorbonne employée pour addition à leur caufes d'oppofition ;
contredits contre toutes lefdites productions & addition de contredits ; Requefte de ladite Houel
& defdits le Preftre employée pour falvations ; fommations de produire & contredire par ledit
Duc de Richelieu partie faifie, autres fommations de fournir de caufes d'oppofition par lefdits
du Chapitre de l'Eglife Cathedralle de Xaintes. Anne Sanguin vefve Guillaume Raoul, de Campet
le Roy, Catherine & Elifabeth Plomet, Conftant audit nom de Tuteur de ladite Françoife Plomet, Houffe, de Halloy, de Mouchy, directeurs des Creanciers defdits Pierre Miguelle & Charlotte du Fourmy fa femme, Efcorolle, du Bois & de Loris, produite par lefdits du Chapitre de
Xaintes, Anne Sanguin, de Campet, le Roy, Catherine & Elifabeth Plomet, Conftant Houffe, de Halloy, de Mouchy & de Loris, & de contredire par eux ledit Efcorolle, du Bois & par
lefdits Creanciers oppofans les uns mefme à l'encontre des autres, Arreft du 9. Febvrier 1678.
par lequel auroit efté ordonné que ladite inftance d'ordre feroit communiquee à Maiftre Hilai-
re Clement plus ancien Procureur defdits Creanciers oppofans, Acte du 26. dudit mois de Febvrier par lequel auroit efté declaré aux Procureurs dudit Duc de Richelieu partie faifie, & de
tous lefdits Creanciers oppofans, que ladite inftance d'ordre avoit efté mife és mains dudit Clement plus ancien Procureur fuivant ledit Arreft pour la contredire par eux. Arreft du 21. Avril
1679. par lequel main levée auroit efté faite de l'oppofition defdits François Henry de Montmorency Duc de Luxembourg, & Marie Magdelaine Claire Bonne Thereze de Luxembourg fa
femme, ordonne qu'elle feroit rayée ez Regiftres du Greffe de la Cour & en confequence paffé
outre au jugement de l'inftance avec les autres oppofans & la production defdits Duc & Ducheffe de Luxembourg remife au Greffe pour leur eftre rendue fans prejudice de leurs droits
& hypoteques fur les autres biens de la fucceffion dudit Cardinal de Richelieu; Production nouvelle defdits Noury par Requefte du 15. Mars 1678. Requefte defdits de Sorbonne employée
pour contredits ; Autre production nouvelle dudit Colbert de Villacerf par Requefte du 2. Avril
audit an 1678. Requefte defdits de Sorbonne employée pour contredits ; Production nouvelle
defdits le Preftre par Requefte du 20. dudit mois de Mars 1678. Requefte defdits de Sorboune
employée pour contredits, deux productions nouvelles defdits Philippeaux & fa femme par Requefte du 23. Mars & 14. Aouft 1679. Requefte defdits de Sorbonne employée pour contredits
contre lefd. deux productions nouvelles ; Production nouvelle dudit le Noble par Requefte du 4.
May 1678. Requefte de contredits defd. de Sorbonne, ledit acte d'oppofition formé ledit jour
14. Aouft 1677. par ledit de Haultefort à ce que fur les den. qui feroient adjugés aufd. Chafteau &
Bernardin comme ceffionnaires des droits de lots ventes deubs à caufe de l'acquifition faite par led.
Cardinal de Richelieu de ladite Terre de Barbezieux, ledit de Haultefort fut payé fuivant fon
Privilege, hypoteque, & preference de la fomme de trente mil livres de principal à luy deubs
intereft, frais & dépens & loyaux coufts ; Acte de reprife faite audit Greffe de la Cour, le 1.
Octobre 1677. par ledit Chafteau de l'oppofition formée aufdites criées par ledit Bernardin
&   de Refuges ; ledit Acte d'oppofition formé ledit jour 20. Mars audit
an 1677. audit Greffe de la Cour par ledit Nolin aux criées de ladite Terre de Barbezieux à ce
que fur les deniers pour lefquels ladite Elifabeth Noury feroit colloquée, il fuft payé des
fommes à luy deües par ladite Noury; ledit Acte d'oppofition formé au Greffe de la Cour ledit jour 13. Mars 1677. par ledit le Febvre en foubs-ordre aux criées de ladite Terre de Barbezieux, à ce que fur les deniers pour lefquels ladite Marie le Preftre feroit colloquée, ledit le
Febvre fut payé des fommes dont elle luy eftoit debitrice, tant en principal qu'interefts & dépens, ledit Acte d'oppofition en foubs-ordre dudit jour 22. Novembre 1677. formée audit

B

Greffe de la Cour par ledit de Vaſſé auſdites criées, à ce que ſur les deniers pour leſquels ladite Marie le Preſtre ſeroit colloquée, ledit de Vaſſé fut payé & colloqué en ſoubs-ordre pour trouver les ſommes dont elle luy eſtoit debitrice, Arreſt du 10. Janvier 1678. par lequel ſur leſdites oppoſitions en ſoubs-ordre les parties auroient eſté appointées à produire, cauſe d'oppoſition en ſoubs-ordre deſdits de Haultefort, Nolin, de Vaſſé & le Febvre; Productions deſd. de Haultefort, Nolin de Vaſſé & le Febvre; Requeſte deſd. de Sorbonne employée pour reſponſes eſcritures & production ſuivant ledit Arreſt; Autres Requeſtes deſdits de Sorbonne employées pour contredits, ſommations de fournir de reſponces auſdites cauſes d'oppoſition en ſoubs-ordre, produire & contredire par leſdits Bernardin, Chaſteau, & ladite Marie le Preſtre, ledit Acte d'oppoſition en ſoubs-ordre dudit Forcadel dudit jour 19. Mars 1678. formée au Greffe de ladite Cour auſdites criées de la Terre de Barbezieux pour eſtre payé ſur la collocation dudit Jacque Noury, de ce dont ledit Noury luy eſtoit debiteur en principal & deſpens; Arreſt d'apointé en droit du 1. Juillet 1678. Requeſte dudit Forcadel avec les pieces y jointes employées pour cauſes d'oppoſition, eſcritures & production. Requeſte deſdits de Sorbonne employée pour reſponſes, eſcritures & production. Autre Requeſte deſdits de Sorbonne employée pour contredits; ſommation de fournir de reſponſes auſdites cauſes d'oppoſition en ſoubs-ordre, produire & contredire par ledit Jaque Noury; ledit Acte d'oppoſition en ſoubs-ordre dudit Guyet dudit jour 19. Janvier 1678. formé au Greffe de la Cour à ce qu'il fuſt payé de ce qui luy eſtoit deub par ledit Michel le Preſtre tant en principaux qu'arrerages, intereſts, frais & dépens ſur les ſommes pour leſquelles ledit le Preſtre ſeroit colloqué ſur le prix de ladite Terre de Barbezieux. Arreſt d'apointé en datte du 1. Juillet aud. an 1678. Requeſte dud. Guyet employée avec les pieces y attachées dudit jour pour cauſes d'oppoſition en ſoubs-ordre, eſcritures & production: Requeſte deſdits de Sorbonne employée pour reſponſes, eſcritures & production, Autre Requeſte deſdits de Sorbonne employée pour contredits, ſommation de fournir de teſponſes auſdites cauſes d'oppoſition, produire & contredire par ledit le Preſtre; ledit Acte d'oppoſition en ſoubs-ordre formé au Greffe de ladite Cour par ledit de Fieubet dudit jour 5. Febvrier 1678. auſdites criées de ladite Terre de Barbezieux à ce que ſur la colloquation dudit Phelipeaux, il fuſt payé des ſommes dont il luy eſtoit debiteur en principal, intereſts & dépens. Arreſt d'apointé en datte du 1. Juillet audit an 1678. cauſes d'oppoſition dudit de Fieubet, production dudit de Fieubet; Requeſte deſdits de Sorbonne employée pour reſponces, eſcritures & production. Autre Requeſte deſdits de Sorbonne employée pour contredits, ſommation de fournir de reſponces auſdites cauſes d'oppoſition, produire & contredire par ledit Phelipeaux, ladite Requeſte dudit Buquet dudit jour 5. Avril 1678. à ce qu'il fuſt receu partie intervenante en l'inſtance, faiſant droit ſur ſon intervention ordonner que ſur la ſomme de trois mil deux cens livres, faiſant le principal de deux cens livres de rente pour laquelle ladite Magdelaine Houel s'eſtoit oppoſée auſdites criées, arrerages d'icelle & autres ſommes pour leſquelles elle demandoit eſtre colloquée, ledit Buguet ſeroit payé en conſequence du tranſport à luy fait par ladite Houel meſme coloqué utilement en ſoubs-ordre ſur elle tant de la ſomme de trois mil livres faiſant partie de celle de trois mil deux cens livres que des arerages à proportion deſdits trois mil livres à commencer du 14. Mars 1678. juſqu'a l'acteul payement de ladite ſomme de trois mil livres, condamner les conteſtans aux deſpens, donner Acte audit Buquet de ce que pour moyens d'intervention eſcritures & production il employoit le contenu en ladite Requeſte, les pieces y jointes & ce qui avoit eſté eſcrit, produit par ladite Houel; Arreſt du 1. Juillet 1678. par lequel ledit Buquet auroit eſté receu partie intervenante & ſur l'intervention en partie & appointée en droit & Acte audit Buquet de ſon employ. Requeſte deſdits de Sorbonne employée pour reſponces à ladite intervention & pour contredits, ſommations de fournir de reſponces à ladite intervention, produire & contredire par ladite Houel, & de produire par leſdits de Sorbonne ladite, Requeſte dudit François Paul dudit jour 23. Decembre 1678. à ce qu'il fuſt receu partie intervenante en l'inſtance faiſant droit ſur ſon intervention & ordonner que ſur les deniers provenans de ladite Terre de Barbezieux, ledit Paul ſeroit payé preferablement à tous Creanciers des ſommes de neuf mil ſix cens vingt-quatre livres de principal d'une part, & dix-ſept cens livres pour les intereſts, d'autres frais & dépens ſans prejudice d'autres droits & actions au payement deſquelles ſommes ſeroit le receveur des conſignations & autres depoſitaires contraints vuider ſes mains quoy faiſant deſchargez; donner Acte audit Paul de ce que pour tous moyens d'intervention, eſcritutes & production, il employoit le contenu en ladite Requeſte avec les pieces y attachées: Arreſt du 31. dudit mois de Decembre 1678. par lequel ledit Paul auroit eſté receu partie intervenante & ſur l'intervention les parties appointées en droit & acte de l'employ dudit Paul: Requeſte deſdits de Sorbonne employée pour reſponces auſdits moyens d'intervention, eſcritures & production, ſommation de fournir de reſponces à ladite intervention & produire par ledit Duc de Richelieu ladite Requeſte deſdits Directeurs de l'Hopital general dudit jour 31. Decembre 1678. à ce qu'ils fuſſent reçus parties intervenantes en l'inſtance comme exerçants les droits de ladite Marie de Vignerod Ducheſſe d'Aiguillon, laquelle en vertu des Arreſts & tranſactions des 5. Septembre 1674. & 3. Mars

1675. devoit eftre acqutée & indemnifée par ledit Armand Jean du Pleffis Duc de Richelieu, faifant droit fur leur intervention, ordonner qu'ils feroient colloqués mis en ordre & payés fur le prix de ladite Terre de Barbezieux de la fomme de dix mil livres à laquelle montoient les arrerages deubs & efcheus de mil livres de rente par chacun an conftituée par ladite de Vignerod Duchefle d'Aiguillon au profit de Damoifelle Marie Deffita veuve Meffire Jacque Viole par Contract, du 27. Septembre 1653. donc ladite Deffita auroit fait declaration au profit defdits Directeurs de l'Hopital general, enfemble de la fomme de 20. mil liv. à laquelle montoit le fort principal de ladite rente, & ce du 22. Aouft 1641. jour du Contract d'acquifition de la Terre de Tingry, frais, loyaux couts & dépens de lad. oppofition, & encore des arrerages qui échoiroient à l'avenir fans prejudice du privilege defdits Directeurs fur ladite Terre de Tingry & de leurs autres droits, actions privileges & hypoteques contre ladite Duchefle d'Aiguillon, mefme qu'ils feroient colloqués en foubs-ordre fur fa colloquation pour toutes les fommes qu'elle leur devoit, ledit Acte d'oppofition en foubs-ordre formé au Greffe de la Cour ledit jour 4. Mars 1679. par lefdits Directeurs de l'Hopital General aux criées de ladite Terre de Barbezieux, à ce qu'ils fuffent payés en foubs-ordre fur les collocations de ladite Marie Magdelaine Thereze de Vignerod Duchefle d'Aiguillon de toutes les fommes à luy deues tant par elle que ledit Duc de Richelieu en principaux, arrerages & defpens; Arreft des 7. Janvier & 5. Avril 1679. par lefquels lefd. Directeurs auroient efté receus parties intervenantes & fur l'interventton & oppofition en foubs-ordre, les parties appointées en droit & Acte aufdits Directeurs de ce que pour moyens d'intervention ils employoient le contenu en ladite Requefte du 31. Decembre ; Requefte defdits Directeurs du 5. dudit mois d'Avril 1679. employée pour caufet d'oppofition; productions defdits Directeurs fuivant lefdits Arrefts : Requefte defdits de Sorbonne employée pour refponces, efcritures & production, aufli fuivant lefd. Arrefts & pour contredits, fommation de fournir de refponfes aufd. moyens d'intervention & caufes d'oppofition, produire & contredire par lefd. Armand Jean du Pleffis Duc de Richelieu, & par lad. Marie Magdelaine Thereze de Vignerod Duchefle d'Aiguillon ; ladite Requefte defdits de Sorbonne dudit jour 21. Avril 1678. à ce qu'en tant que befoin feroit l'Arreft d'ordre du 22. Decembre 1657. du prix de ladite Terre de Barbezieux en ce qui concernoit les oppofitions tant de ladite Magdelaine Houel que defdits Jacques, Elifabeth, Jeanne, Marguerite & Claude Noury enfans & heritiers dudit Jean Noury, fut declaré commun avec ledit Sanfon Receveur des Confignations de ladite Cour, ce faifant ordonner avec eux tous & avec ledit Duc de Richelieu, que l'Arreft du 7. Septembre 1671. feroit executé felon fa forme & teneur & en confequence que la fomme de fix mil livres faifant partie du prix de ladite Terre de Barbezieux, laquelle fuivant ledit Arreft du 7. Septembre devoit eftre remife par ledit Duc de Richelieu à la recepte des Confignations pour eftre avec celle de dix mil cinquante cinq livres treize fols pour les interefts diftribuées entre lefdits Houel, Noury & autres Creanciers de Meffire Claude Viguier & Dame Catherine Chabot fa femme en cas qu'elles fe trouvaffent encore deuës feroient retenues par ledit Sanfon pour eftre diftribuées aux Creanciers defdits Viguier & fa femme conformément audit Arreft du 22. Decembre 1657. & encore que ladite Houel feroit tenuë de raporter la fomme de fix mil cinq cens quatre-vingt onze livres quatre fols trois deniers receuë par ladite Houel faifant partie de dix mil quatre cent quatre-vingt cinq livres fept fols neuf deniers pour les arrerages de deux cens livres de rente faifant aufli partie de trois cens livres de rente, laquelle fomme ledit Armand Jean du Pleffis Duc de Richelieu fe feroit obligé de payer en cinq années & en cinq payemens efgaux & pour cét effet auroit fait tranfport à ladite Houel de pareille fomme a prendre fur fon Fermier de l'Ifle-Bouchard duquel n'avoir receu que la fomme de fix mil cinq cens quatre-vingt onze livres quatre fols trois deniers, ou en tout cas qu'elle luy feroit defduite à la charge que ledit Duc de Richelieu en demeureroit déchargé tant vers ledit Sanfon que vers lefdits Creanciers defdits Viguier & fa femme nommez audit Arreft d'ordre de 1657. Deffences defdits Sanfon, Houel & Noury ; Repliques defdits de Sorbonne. Arreft du 2. Mars 1679. par lequel les parties auroient efté appointées en droit & Acte aufdits de Sorbonne de ce que pour efcritures & production ils employoient le contenu en ladite Requefte. Production de ladite Houel ; fommation de produire par lefdits Sanfon, Duc de Richelieu, Noury & conforts ; lefdits Actes d'oppofition en foubs-ordre formés au Greffe de ladite Cour lefdits jour 11. Febvrier & 7. Mars 1679. par lefdits Michel & Suzanne Charles, Anne Saulnier, Charles Capitain, Nicolas Dupont, Anne le François, Bonaventure Guyart, Jeanne le François fa femme, Julien Befnard, Marguerite le François fa femme, Marie & Denife le François, Marguerite le Charpentier, Nicolas Vitard & Marguerite le Mazier fa femme .ez noms qu'ils procedent, à ce que fur les fommes pour lefquelles ladite Marie Magdelaine Therefe de Vignerod Duchefle d'Aiguillon feroit colloquée ils fuffent payez des fommes a eux deuës tant en principaux, arrerages, interefts, frais & dépens; Arreft d'appointé en droit du 27. dudit mois de Mars 1679. Requefte defdits Marguerite Charpentier & Vitard fa femme, employée pour caufes d'oppofition ; Production defd. Vitard & Charpentier ; Requefte defdits de Sorbonne employée pour efcritures, production & autres, fuivant ledit Arreft; Sommation de fournir de caufes d'oppofition & produire par lef-

dits Michel, Suzanne, Charles, Capitain, le François, Guyart, Dupont, Befnard, le Mazier, Saulnier & conforts; Ladite Requefte dudit Buquet dudit jour 13. Avril 1679. à ce qu'en
augmentent les conclufions par luy prifes par fa Requefte d'intervention dudit jour 5. Avril 1678.
& le collocant en foubs ordre fur ladite Houel pour ladite fomme de trois mil livres de principal, il fuft pareillement colloqué par l'Arreft d'ordre qui interviendroit pour les interefts de
la mefme fomme de trois mil livres à luy adjugée contre ladite Houel par Sentence des Requeftes de l'Hoftel du 22. Aouft 1676. à compter du 12. dudit mois d'Aouft jour de la demande
qu'il avoit faite defdits interefts jufqu'à l'entier payement de ladite fomme de trois mil livres de
principal, fans préjudice d'autres deubs, droits & actions, donner Acte de ce que pour efcritures & production fur ladite demande il employoit le contenu en ladite Requefte, fur laquelle
auroit efté mis ait Acte foit fignifié pour y refpondre & produire; Requefte defdits de Sorbonne
employée pour efcritures & production & contredits, ladite Requefte de ladite de Salufle
veufve dudit de la Cointerie-Perdrix dudit jour 9. Juin 1679, à ce qu'en procedant au jugement
de l'inftance, la fentence des Requeftes du Palais du 2. Decembre 1652, renduë entre Meffire
René de Goulas & ladite Marie de Vignerod Ducheffe d'Aiguillon au nom & comme ayant
l'adminiftration des perfonnes & biens dudit Duc de Richelieu Legataire univerfel & particulier dudit Cardinal de Richelieu, par laquelle ladite de Vignerod audit nom auroit efté condamnée payer audit Goulas de la Boulidiere la fomme de vingt mil livres, les interefts du
jour de la demande & dépens; l'Arreft confirmatif de ladite Sentence du 2. Avril 1653. & ac-
ceptation de tranfport portant obligation du 10. Septembre 1660. fuffent en tant que befoin
feroit déclarez executoires contre ladite Marie Magdelaine Thereze de Vignerod Ducheffe
d'Aguillon en qualité de Legataire Univerfelle de ladite deffûnte Marie de Vignerod auffi
Ducheffe d'Aiguillon, comme ils eftoient contre ladite deffûnte, ce faifant condamner ladite
Marie Magd.Thereze de Vignerod payer à lad. de Salufle ladite fomme de vingt mil livres de principal contenuë efdites promefles du 12. May 1651. Sentence du deux Decembre 1652. & Arreft
du deux Avril 1653. & Obligation du dix Septembre mil fix cens foixante, les interefts de lad.
fomme à compter dudit jour dix Septembre 1660. jufques au parfait payement, frais & dépens, & loyaux coufts, fauf à defduire fur lefdits interefts, ceux que ladite de Salufle fe trou-
veroit avoir receus, & pour en faciliter le payement, qu'elle feroit colloquée comme exerçant
les droits de ladite Ducheffe d'Aiguillon fur la fucceffion dudit Cardinal de Richelieu en foubs-
ordre fur fa collocation; & au furplus adjuger à ladite de Salufle les conclufions par elle prifes audit ordre, avec defpens; luy donner Acte de ce que pour efcritures & production, elle employoit
le contenu en ladite Requefte, & ce qu'elle avoit efcrit, & produit en l'inftance, fur laquelle Requefte auroit efté mis, ait Acte, foit fignifié pour y refpondre & produire; Sommation de dé-
fendre, produire par ladite Ducheffe d'Aiguillon ledit Acte d'oppofition en foubs-ordre de
ladite de Salufle, dudit jour 19. May 1679. à ce qu'elle fuft payée des fommes à elle deuës, interefts & dépens fur les fommes pour lefquelles ladite Ducheffe d'Aiguillon feroit colloquée audit
ordre, Arreft d'apel en droit du 14. Juin audit an 1679. Requefte de ladite de Salufle employée
pour caufe d'oppofition audit foubs-ordre; Production de ladite de Salufle; Requefte defdits de
Sorbonne employée pour refponces, efcritures & production; Autre Requefte defdits de Sorbonne employée pour contredits, ladite Requefte defdits de Sorbonne dudit jour cinq Juin 1679.
à ce que l'Arreft qui interviendroit en ladite Inftance d'ordre du prix de ladite Terre de Barbezieux, fuft declaré commun avec lefdits Jolly, Hoftel-Dieu, Hofpital, de Richelieu, pauvres
Hybernois, pauvres Efclaves d'Alger, pauvres Forçats des Galleres, & autres legataires particuliers de ladite deffûnte Marie de Vignerod Ducheffe d'Aiguillon, & ceffionnaire de ladite Marie Magdelaine Thereze de Vignerod auffi Ducheffe d'Aiguillon fa niepce, & legataire univerfelle, & oppofans fur elle; ce faifant ordonner que fans s'arrefter à leurs oppofitions dont ils feroient déboutez, le prix de ladite Terre de Barbezieux feroit payé aux Creanciers qui fe trouve-
roient colloquez. Arreft d'apointé en droit du 12. Aouft 1679. Requefte defdits de Sorbonne
employée pour efcritures & productions. Sommation de produire par lefdits Jolly, Hoftel-Dieu,
Hofpital, de Richelieu, pauvres Hibernois, pauvres Efclaues d'Alger, pauvres Forçats des Gale-
res & autres legataires de ladite Marie de Vignerod Ducheffe d'Aiguillon & ceffionnaires de ladite Marie Magdelaine Thereze de Vignerod, efdits noms. Ladite Requefte defdits de Sorbonne
dudit jour 27. Novembre 1679. à ce que l'Arreft qui interviendroit en l'Inftance fuft declaré
commun auec ledit Nicolas Armand de Sallard, comme ceffionnaire de ladite Houel oppofante
audit ordre, ladite Requefte dudit de Sallard dudit jour 7. Decembre audit an 1679. à ce qu'il fuft
receu partie intervenante en l'inftance, luy donner Acte de ce que pour moyens d'intervention il
employoit le contenu en ladite Requefte; ce faifant & faifant droit fur l'oppofition formée audit
ordre par ladite Houel, & declarant l'Arreft qui interviendroit fur ledit ordre commun avec ledit de Sallard, ordonner que fur la fomme pour laquelle ladite Houel feroit colloquée fur le prix
de ladite Terre de Barbezieux, ledit de Sallard feroit payé de la fomme de dix-huit cent quatre-vingt
huit livres à luy cedée par ladite Houel, & fur le furplus qui reviendroit à ladite Houel ledit de
Sallard feroit payé du furplus de la rente à luy deuë, arerages, frais, loyaux couts & defpens.

Arreft

Arreſt du neuf dudit mois de Decembre 1679. par lequel ledit de Sallard auroit eſté receu partie intervenante, & ſur l'intervention & demande deſdits de Sorbonne, les parties appointées en droit, & Acte audit de Sallard de ce que pour moyens d'intervention il employoit le contenu en ſa Requeſte. Production dudit de Sallard. Requeſte deſdits de Sallard. Requeſte deſdits de Sorbonne employée pour réponſes à ladite Intervention. Ecritures & production ſuivant ledit Arreſt. Requeſtes deſdits de Sorbonne & de Sallard, employées pour Contredits, Sommation de fournir de réponſes à ladite Intervention, produire & contredire par ladite Hoüel. Ledit Acte d'oppoſition en ſous ordre, formé au Greffe de la Cour par ledit Groſſard ledit jour 22. Decembre 1679. à ce que comme ayant droit par transport dudit Richard le Meſle, il fuſt payé ſur ce qui eſtoit deub, & ſeroit adjugé audit Phelippeaux de la ſomme de deux mil neuf cent vingt-cinq livres, des intereſts d'icelle adjugez par Sentence du cinq Septembre 1670. frais & dépens. Arreſt d'appointé en droit du 17 Janvier 1680. Cauſes d'oppoſition & production dudit Groſſard. Requeſte deſdits de Sorbonne employée pour réponſes, Ecritures & production. Autre Requeſte deſdits de Sorbonne employée pour Contredits. Sommation de fournir de réponſes auſdites cauſes d'oppoſition, produire & contredire par ledit Phelippeaux. Ledit Acte d'oppoſition en ſous-ordre formé au Greffe de la Cour ledit jour 12. Janvier 1680. par ledit Pierre de Vaſſé Chevalier non Profez de l'Ordre de S. Jean de Jeruſalem, à ce que ſur les deniers pour leſquels ladite Hoüel ſeroit colloquée ſur ledit prix de la Terre de Barbezieux, ledit de Vaſſé fuſt payé des ſommes à luy deuës par ladite Hoüel en principaux, arrerages & dépens. Arreſt d'appointé en droit du 20. dudit mois de Janvier 1680. Cauſes d'oppoſition dudit de Vaſſé. Production dudit de Vaſſé, Requeſte deſdits de Sorbonne employée pour réponſes auſdites Cauſes d'oppoſition, Ecritures & production. Sommation de fournir de réponſes auſdites Cauſes d'oppoſion, produire & contredire par ladite Hoüel. Ledit Acte d'oppoſition en ſous-ordre, formé au Greffe de la Cour par Mademoiſelle Anne Marie Louiſe d'Orleans, Souveraine de Dombes, Ducheſſe de Montpenſier ledit jour 20. Janvier 1680. à ce que ſur les ſommes qui ſeroient adjugées audit Alexandre de Courbon, ſur le prix de ladite Terre de Barbezieux, elle fuſt payée des ſommes à elle deuës en principaux, intereſts, frais & dépens. Arreſt d'appointé en droit du prmier Février 1680. Cauſes d'oppoſition & production de ladite d'Orleans Ducheſſe de Montpenſier. Requeſte deſdits de Sorbonne, employée pour Ecritures & production. Autre Requeſte deſdits de Sorbonne employée pour contredits. Requeſte de ladite d'Orleans, employée pour Salvations & Contredits contre les productions principales & nouvelles deſdits de Sorbonne. Sommation de fournir de répouſes auſdites Cauſes d'oppoſition, produire & contredire par ledit Alexandre de Courbon. Ledit Acte d'oppoſition en ſous-ordre, formé au Greffe de la Cour ledit jour dix Février 1680 par ladite d'Orleans, Ducheſſe de Montpenſier, à ce qu'elle fuſt payée ſur les ſommes qui ſeroient adjugées audit Jean Louis de Courbon, & Dame Jeanne ſa femme, ſur la ſomme de ladite Terre de Barbezieux, de la ſomme de cent quatre vingt dix mil livres, à elle deuë en principal, intereſts & dépens, meſme pour faire valoir les ſubrogations & eſtre conſervée en tous ſes droits & hypoteques. Arreſt d'appointé en droit du du 27. dudit mois de Février. Cauſes d'oppoſition & production de ladite d'Orleans. Requeſte deſdits de Sorbonne, employée pour réponſes, Ecritures & production. Autre Requeſte deſdits de Sorbonne, employée pour Contredits. Sommation de fournir de réponſes auſdites Cauſes d'oppoſition, produite & contredire par ledit Jean Louis de Courbon, Ladite Requeſte deſdits de Peyré de Troisvilles, dudit jour 27. Mars 1680. à ce qu'en cas que la Cour fiſt difficulté de les colloquer utilement en qualité de creanciers dudit Cardinal de Richelieu, pour le ſort principal & arrerages de deux mil cinq cent livres de rente à luy deuë, frais, loyaux couſts & dépens, & faute par ladite Marie Magdeleine Thereze de Vignerod, Ducheſſe d'Aiguillon, de rapporter pieces ſuffiſantes, pour faire faire ladite collocation, & faire ceſſer les Contredits deſdits de Sorbonne, il fuſt ordonné que ſur les ſommes pour leſquelles ladite Ducheſſe d'Aiguillon ſeroit colloquée utilement ſur le prix de ladite Terre de Barbezieux, leſdits de Troisvilles comme ſaiſiſſans ladite colocation, ſeroient coloquez & mis en ſous-ordre ſur ladite Ducheſſe d'Aguillon, pour les arrerages de ladite rente de 2500. liv. à eux deûs, écheus & à écheoir juſques au jour de l'actuel payement du principal, d'une part : de quarante cinq mil livres, faiſant le prindipal de ladite rente, d'autre, & des frais, loyaux couſts, miſe d'execution & dépens adjugez & non adjugez ſuivant la taxe qui en ſeroit faite à la maniere accouſtumée, au payement deſquelles ſommes principales, arrerages, frais & dépens, le Receveur des Conſignations ſeroit contraint comme depoſitaires, quoy faiſant déchargé, donner Acte auſdits de Peyré de Troisvilles de ce que pour Ecritures & production ſur ladite demande, ils employoient le contenu en ladite requeſte ; ce qu'ils auroient écrit & produit, les pieces y jointes ; ſur laquelle Requeſte auroit eſté mis, Ait Acte, & ſoit ſignifié pour y répondre & produire par ladite de Vignerod Ducheſſe d'Aiguillon. Arreſt du 27. Février 1680. par lequel en conſequence de la declaration deſdits du Chapitre de l'Egliſe Cathedrale S. Pierre de Xainte, d'avoir eſté payez des cauſes de leur oppoſition auſdites Criées de Barbezieux, Mainlevée auroit eſté faite de la dite oppoſition, ordonne qu'elle ſeroit rayée du Regiſtre du Greffe de ladite Cour, dépens compenſez ; pourroient neanmoins leſdits de Sorbonne employer ceux par eux faits en frais extraordinaires de Criées. Ledit Acte d'opposition formé au Greffe de ladite Cour par ledit le Vayer ledit jour 14, Novembre 1679. à ce que sur les sommes pour lesquelles ladite Marie le Prestre seroit coloquée sur le prix de la-dite Terre de Barbezieux, ledit le Vayer seroit payé des sommes à luy deües par ladite Marie le Prestre veuve dudit de Gagnon de Villaines, en principaux, interests, arrerages, frais, & dépens. Arrest d'appointé en droit du 9 Decembre 1679. Requeste desdits de Sorbonne employée pour Ecritures & production. Sommation de produire par lesdits le Vayer & Marie le Prestre. Ledit Acte d'opposition en sous-ordre formé au Greffe de ladite Cour ledit jour 13. Avril 1680. par le-dit Tambonneau & consors, esdits noms de Creanciers & Directeurs des Creanciers desd. Bon-neau, Aubert & Chastelain, à ce que sur les sommes pour lesquelles lad. Marie Magdeleine Tereze de Vignerod, Duchesse d'Aiguillon, seroit coloquée sur le prix de ladite Terre de Barbezieux, lesdits Tambonneau & consors, esdits noms, fussent payez des sommes à eux deües par ladite Duchesse d'Aiguillon, tant en principal, arrerages, interests, frais & dépens. Arrest d'appointé en droit du 27. May 1680. Requeste desdits Tambonneau & consorts demandeurs, & desdits de Sorbonne, employée pour Causes d'opposition, réponses, productions des parties. Sommations de fournir de réponses ausdites Causes d'opposition en sous ordre, & produire par ladite de Vi-gnerod, Duchesse d'Aiguillon. Production nouvelle dudit Colbert de Villacerf contre lesdits de Sorbonne, par Requeste du 20, Janvier 1680. Requeste desdits de Sorbonne, employée pour Contredits. Production nouvelle dudit Pierre de Vassé contre lesdits de Sorbonne, par Reque-ste du 31. dudit mois de Janvier 1680. Requeste desdits de Sorbonne, employée pour Contredits. Production nouvelle de ladite Houël contre lesdits de Sorbonne, par Requeste du premier Fé-vrier 1680. Requeste desdits de Sorbonne, employée pour Contredits. Production nouvelle dudit le Tellier Chancelier de France, contre lesdits de Sorbonne par Requeste du six dudit mois de Février 1680. Requeste desdits de Sorbonne employée pour contredits. Production nouvelle du-dit Guyet contre lesdits de Sorbonne, par Requeste du   dudit mois de Février. Requeste de contredits desdits de Sorbonne. Deux Productions nouvelles de ladite Marie Magdeleine Therese de Vignerod Duchesse d'Aiguillon, contre lesdits de Sorbonne, par Requeste des six & 19. dudit mois de Février. Requeste desdits de Sorbonne, employée pour Contredits conte les-dites deux Productions nouvelles. Requeste de ladite Duchesse d'Aiguillon, employée pour Sal-vations. Production nouvelle dudit Glué d'Espinville contre lesdits de Sorbonne, par Requeste du 23. dudit mois de Février 1680. Requeste desdits de Sorbonne, employée pour Contredits. Production nouvelle desdits de Peyré de Troisvilles, contre lesdits de Sorbonne, par Requeste du vingt-six dudit mois de Février. Requeste desdits de Sorbonne, employée pour Contredits. Requeste desdits de Peyré de Troisvilles, employée pour Salvations. Production nouvelle des-dits Directeurs de l'Hospital general contre lesdits de Sorbonne, par Requeste du 18. Mars audit an 1680. employée pour Adition de causes d'opposition. Requeste desdits de Sorbonne employée pour Contredits. Production nouvelle desdits de Sorbonne contre ledit Duc de Richelieu, par-tie saisie, & Maistre Orien Silly Procureur plus ancien des creanciers opposans, par Requeste du 15. dudit mois de Mars 1680. Acte du 27. dudit mois de Mars, par lequel lesdits de Sorbonne auroient dénoncé ladite production nouvelle à tous lesdits creanciers opposans, sommez d'en prendre communication par les mains dudit Silly, auquel elle estoit donnée en communication & fournir de Contredits contre icelle. Sommation de contredire ladite Production nouvelle par lesdits Duc de Richelieu, & Silly ancien Procureur. Production dudit Colbert de Villacerf con-tre lesdits de Sorbonne poursuivans, & ledit Duc de Richelieu, partie saisie, par Requeste dudit jour 15. Mars 1680. Requeste desdits de Sorbonne employée pour contredits. Sommation d'en fournir par ledit Duc de Richelieu. Production nouvelle de ladite Houël contre ledit Pierre de Vassé, par Requeste du vingt-troisiéme dudit mois de Mars. Requeste dudit de Vassé, em-ployée pour Contredits. Production nouvelle dudit Jean Louis de Courbon contre les-dits de Sorbonne, par Requeste du 26. dudit mois de mars ; Requeste desdits de Sorbonne em-ployée pour Contredits ; Production nouvelle dudit de Cassagnet de Tilladet contre lesdits de Sorbonne, par Requeste du   Avril 1680. Requeste desdits de Sorbonne employée pour Contredits ; Production nouvelle dudit Forcadel contre lesdits de Sorbonne, par Requeste du 9. dudit mois d'Avril ; Requeste desdits de Sorbonne employée pour Contredits ; Production nou-velle de ladite de Vignerod Duchesse d'Aiguillon contre lesdits de Sorbonne, par Requeste dudit mois d'Avril 1680. & à ce qu'en consequence des Pieces produites par icelle, il fust ordonné que lesdits Glué, d'Espinville, Phelippeaux, & sa femme, Jolly, de Fleury, le Prestre, de Peyré, de Trois villes, Tambonneau & consors, Directeurs de l'Hospital General, Marguerite de Salusse, Marie Françoise Feydeau, seroient coloquez sur le prix de ladite Terre de Barbezieux, comme Creanciers de la succession dudit Cardinal de Richelieu, des jours & dattes qu'ils l'avoeint demandée ; & au surplus luy adjuger ses conclusions avec dépens. luy donner Acte de ce que pour écriture & production elle employoit lesd. Requeste & Pieces avec ce qu'elle avoit écrit & produit, le tout neanmoins aux perils & fortunes dudit Duc de Richelieu, seul tenu desdites debtes, & d'en acquiter ladite Duchesse d'Aiguillon esdits noms, tant par l'Arrest du 5 Septem-

bre 1654. que par la Tranſaction du 3. Mars 1675. ſur laquelle Requeſte auroit eſté mis, Ait Acte
ſoit la Requeſte & Pieces ſignifiées au Procureur des Pourſuivans, & par ſes mains aux procureurs des dénommez en ladite Requeſte pour y fournir de Contredits ; Requeſte deſdits de Sorbonne employée pour Contredits contre ladite Production nouvelle ; Ledit Arreſt dudit jour
5. Septembre 1679. rendu entre Meſſire Jean François de Lambertye, Chevalier, Comte dudit
lieu, au nom & comme Mary, & exerçant les droits de Dame Marie Daydie, fille & heritiere
de Dame Charlote de Belcier, vivante femme de Meſſire Armand Daydie, ladite de Belcier
fille & heritiere de Louis de Belcier, demandeur en lettres en forme de Requeſte Civile par luy
obtenuë en Chancellerie à Bordeaux, le 30. Aouſt 1660, contre l'Arreſt d'adjudication rendu audit
Parlement de Bordeaux le 28. Juillet 1638. de la Baronnie, Terre & Seigneurie de Croze, appar-
tenances & dépendances, à la Requeſte de Dame Catherine de Belcier, femme de Meſſire François de Beaumont, Eſcuyer, Sieur de Saint Germain, comme ſubrogé aux Criées de ladite Baronnie, Terre & Seigneurie, au lieu de Jean Labbé ſieur de Foſier, ſur Louis de Barbeziere,
Eſcuyer, Sieur de Magny, au nom & comme Curateur de ladite Charlote de Belcier, au profit
dudit Armand Jean du Pleſſis, Cardinal, Duc de Richelieu, adjudicataire d'icelle, pour la ſomme de ſix vingt mil quatre cent livres, & en reſciſion, ſuivant la clauſe appoſée auſdites Lettres,
contre tous les Actes & Conſentemens qui pourroient avoir eſté paſſez, tant par ledit Armand
Daydie, que par lad. Charlotte Belcier, par ledit Lambertye d'une part, & Mademoiſelle Marie
Louiſe d'Orleans, Ducheſſe de Montpenſier, Souveraine de Dombes, pourſuivant les Criées
de ladite Baronnie de Croze, & de la Chaſtellenie de la Feriere, ledit Armand Jean du Pleſſis,
Duc de Richelieu, Legataires particulier & univerſel dudit Cardinal Duc de Richelieu, deffendeurs d'autre, & autres qualitez portées par ledit Arreſt, par lequel faiſant droit ſur ladite Requeſte Civile, du 30 Aouſt 1660. reſciſion y contenuë ; enſemble ſur les Requeſtes d'emplia-
tion, concernant ladite Requeſte Civile, & demandes reſpectives, & en Sommation dudit du
Pleſſis, Duc de Richelieu, portées par les Requeſtes des 28. Février, 16. Juin 1679. que contre Sommation de Catherinne Belcier, mentionnée en ſes Deffences, du 16. May 1979. comme
auſſi ſur les demandes de ladite Marie Daydie, des 14. May 1669. & 11. Janvier 1666. ſans s'arreſter à la fin de non-recevoir ; ayant égard auſdites Lettres en forme de Requeſte Civile, amplia-
tion & reſciſion, & icelles enterinant, les Parties auroient eſté remiſes en l'eſtat qu'elles eſtoient
avant ledit Arreſt d'adjudication par decret des Terres & Seigneuries de Croze & la Feriere, des
28. Juillet 1638. Conſentemens & Actes approbatifs, ſi aucuns y avoit, Ladite Anne Labbé
condamnée en dix mil livres de dommages & intereſts envers ledit du Pleſſis, Duc de Richelieu,
procedans de l'execution dudit decret & adjudication, ſi mieux n'aimoit ladite Anne Labbé en
ſouffrir la liquidation, ce qu'elle ſeroit tenuë d'opter dans trois mois à compter du jour de la
ſignification dudit Arreſt, à la perſonne ou domicile de ſon Procureur, autrement & à faute
de ce faire, ledit temps paſſé, décheüe en vertu d'iceluy, ledit du Pleſſis Duc de Richelieu, débouté deſdites Sommations contre leſdits Henry de Beaumont, & Catherinne de Belcier ſa Mere,
& icelle de Belcier de ſa Contreſommation contre ledit du Pleſſis Duc de Richelieu, ledit du Pleſſis Duc de Richelieu condamné aux dépens vers ladite Daydie, & ladite Labbé en ceux faits
par ledit du Pleſſis Duc de Richelieu, ceux entre leſdits du Pleſſis de Beaumont & Catherine de
Belcier compenſez, ladite Labbé déboutée de ſes demandes en ſommation, contre François
& Magdelaine de la Rochefoucaut, mentionnées en la Commiſſion du 10. May 1673. & condamnée aux dépens de ladite Inſtance, ledit Arreſt déclaré commun avec Pierre Deſchamps &
ſa femme, & autres creanciers oppoſans, & avec ledit Jean Louis de la Rochecourbon, &
pour faire droit ſur le reciſoire, & ſurplus des demandes ; enſemble ſur les Lettres en forme de
Requeſte Civile, des 22. Juin 1673. obtenuë par ladite Daydie, contre l'Arreſt du 2. Janvier
1673. & autres rendus en conſequence, ſi aucuns y avoit, & de reſciſion contre le partage &
compte, du 14. Juillet 1635. & 26. May 1638. appellations des ſaiſies réelles, du 14. Decembre
mil ſix cent   Procedure de priſe de poſſeſſion, oppoſitions à l'execution des Arreſts
des premier Septembre 1638. & dernier Juin 1666. & demandes contenuë en la commiſſion de
ladite Labbé, du 10. May 1673. contre François & Anne de Polignac ; Autre Commiſſion &
Requeſte des 28. Juin 1670, 23 Aouſt 1673, 29. Janvier 1675, 13. May & 14. Juin 1679. Auſ-
quelles Demandes les Défauts & Requeſtes des 20. Mars 1679. & 2. Septembre, audit an ; Of-
fres & conſentemens portées par l'Arreſt du 4. dudit mois de Septembre, & autres Demandes
ſi aucune y avoit, ſeroit fait droit aux Parties en jugeant le Reſciſoire de ladite Requeſte Civile, dépens pour ce regard reſervez ; ladite Requeſte deſdits de Sorbonne, dudit jour 11. May
1680. à ce qu'en procedant au Jugement de ladite Inſtance d'Ordre de ladite Terre de Barbeziex,
ils fuſſent receus en ladite qualité de Pourſuivans, en tant que beſoin ſeroit, Oppoſans à l'execution du precedent Arreſt, du 5 Septembre 1679. produit par Production nouvelle par ledit Jean
Louis de Courbon, du   dernier, faiſant droit ſur ladite oppoſition, ordonner que
le decret deſdites Terres & Seigneuries de Croze & la Ferriere fait au profit dudit Cardinal Duc
de Richelieu, au Parlement de Bordeaux, le 28. Juillet 1638. ſeroit executé ſelon ſa forme &
teneur ; Arreſt du 13. dudit mois de May, par lequel ſur ladite oppoſition les Parties auroient

esté appointées en droit, joint les fins de non recevoir, deffenses au contraire & Acte ausdits de Sorbonne de ce que pour écritures & production ils employent le contenu en leurdite Requeste, & ce qu'ils avoient écrit & produit en l'Instance ; Requeste de ladite d'Orleans, Duchesse de Montpensier, employée pour fins de non recevoir, écritures & productions, Productions desdits de Sorbonne & d'Orleans, Requeste desdits de Sorbonne employée pour réponses ausdites fins de non recevoir, & contredits, fins de non recevoir, & production dudit de Courbon ; Requeste de contredits desdits de Sorbonne, & Requeste dudit de Courbon, employée pour réponses ; Production nouvelle dudit Dormoy, Principal du College Nostre Dame des Dix-huit, & Bourciers dudit College, contre lesdits de Sorbonne, par Requeste du 14. dudit mois de May 1680. Requeste desdits de Sorbonne employée pour contredits ; Production nouvelle desdits de Sorbonne contre ledit Iean Chasteau, par Requeste du 22. dudit mois de May ; Requeste de contredits dudit de Hautefort, & Requeste de Salvations desdits de Sorbonne ; Production nouvelle dudit Luce contre lesdits de Sorbonne poursuivans, par Requeste du 28. dudit mois de May dernier ; Requeste desdits de Sorbonne employée pour contredits ; Requeste dudit Colbert de Villacerf, du 11. Mars 1680. à ce qu'en prononçant sur ladite Instance d'Ordre, faisant droit sur son opposition, il fut colloqué & mis en ordre pour tous les arrerages de ladite rente de six cent cinquante livres à luy deuë, écheus depuis le 26. Decembre 1671. & ceux à échoir, jusques au jour du payement ; ensemble pour la somme de treize mil livres de principal, loyaux cousts, frais & dépens, sur laquelle Requeste auroit esté mis, ait Acte, & icelle signifiée ; Production nouvelle dudit Jean Louis de Courbon, par Requeste du 8. Avril 1680. contre lesdits de Sorbonne ; Requeste desdits de Sorbonne employée pour Contredits ; Requeste de Mademoiselle Anne Marie Louise d'Orleans, employée pour Contredits contre les Productions principales & nouvelles desdits de Sorbonne, & pour Salvations à leurs Contredits ; Requeste desdits de Sorbonne du 8. du present mois d'Aoust, employée pour addition de causes d'opposition, avec leur Production nouvelle, du 15. Mars dernier ; Ledit Acte d'opposition en sous-ordre formé au Greffe de la Cour par ledit Moreau, sur la collation de ladite Marie le Prestre, ledit jour 11. May 1680. Arrest d'appointé en droit, du premier Juillet audit an ; Requeste desdits de Sorbonne employée pour Production ; Sommations de fournir de causes d'opposition en sous-ordre par ledit Moreau, & de produire par luy, & par ladite le Prestre : ladite Requeste dudit François Marquis de Hautefort, dudit jour premier Juillet 1680. à ce qu'il fut receu opposant à l'execution des Arrest, des 9. Ianvier & 27. Février audit an 1680. en ce qu'ils luy faisoient préjudice, & dans lesquels il n'estoit ny nommé ny compris, faisant droit sur ladite opposition, en consequence des Transports faits audit Chasteau, par Messire   Dreux Conseiller en la Cour faisant pour ladite Anne Sanguin veuve Raoul, & pour ledit Chapitre de Xaintes, par les enfans & heritiers de Messire   Marquis de Sourdis, qui estoit heritier de Messire   de Sourdis, Archevêque de Bordeaux son frere, & par Messire Henry de refuges, Conseillier en la Cour, Abbé de Saint Cibar ; les 18. Janvier, & douze Juillet 1675. & 26. Aoust 1677. & aussi en consequence de la reprise par ledit Chasteau audit nom, ordonner quel'Arrest du 6. May 1678. rendu avec ledit Chapitre de Xaintes, & autres Parties y dénommées, seroit executé selon sa forme & teneur : ce faisant ledit Chasteau colloqué, payè pour les droits Seigneuriaux y mentionnez, de la somme de cinquante-cinq mil livres à luy adjugée par ledit Arrest, interest & despens : en tout cas qu'il seroit colloqué & payé suivant son rang & privilege de la somme de quarente mil livres de principal, restant desdits cinquante cinq mil livres, & pour les interests & despens adjugez par ledit Arrest, du 6. May 1678. & ledit de Hautefort en sous-ordre, de la somme de trente mil livres interests, du jour du Transport à luy fait, frais, loyaux cousts, & dépens, sans prejudice audit de Hautefort de se pourvoir tant contre ledit Chasteau qu'autres, qu'il aviseroit bon estre, pour faire rapporter ladite somme de quinze mil livres touchée, au prejudice dudit de Hautefort ; en cas que ce qui restoit de la colocation dudit Chasteau en principal & interest, ne fust suffisant pour le parfait payement dudit de Hautefort. Ledit Arrest dudit jour 9 Janvier 1680. rendu entre lesdits de Sorbonne, ledit Chasteau, & ledit Silly plus ancien Procureur des creanciers opposans, par lequel lesdits de Sorbonne auroient esté receus opposans à l'execution de l'Arrest du 29. Decembre 1679. & neanmoins ordonne que sur le prix de ladite Terre de Barbezieux, ledit Chasteau seroit payé par provision de la somme de quinze mil li. à déduire sur les droits Seigneuriaux a luy deûs au moyen de l'adjudication de lad. Terre de Barbezieux faite aud. Cardinal Duc de Richelieu dont estoit question, à ce faire le Receveur des Consignations contraint comme dépositaire, ce faisant déchrgé. Arrest d'appointé en droit du 4. Juillet 1680. & Acte audit de Hautefort, de ce que pour Ecritures & production il employoit le contenu en ladite Requeste. Production desdits de Sorbonne. Requeste desdits de Sorbonne, employée pour réponses aux moyens d'opposition dudit de Hautefort, & pour Contredits. Requeste dudit de Hautefort employée pour réponses. Requeste desdits de Sorbonne employée pour réponses & contredits à la precedente Sommation de produire & contredire par ledit Duc de Richelieu, & par ledit Chasteau lesdites Letres de rescizion de Chancellerie dudit Jean Louis de Courbon, dudit jour trois Juillet 1680. à

ce que

ce que les parties fuſſent remiſes en l'eſtat qu'elles eſtoient avant le Traité paſſé entre ledit de Courbon & ledit Duc de Richelieu le 18. Septembre 1660, & ſans s'arreſter audit Traité, qu'il fuſt fait droit ſur les fins & concluſions dudit de Courbon. Ladite Requeſte dudit de Courbon, dudit jour 5. Juillet 1680. afin d'enterinement deſdites Lettres de reſcizion, & à ce qu'il luy fuſt donné Acte de ce que pour Ecritures & production, il employoit ce qu'il avoit écrit & produit. La production par luy faite ſur l'oppoſition deſdits de Sorbonne, à l'execution de l'Arreſt du 5. Septembre 1679. & le contenu eſdites Lettres ; ſur laquelle Requeſte auroit eſté mis, Ait Acte, & ſoit ſignifié pour y répondre & produire. Requeſte deſdits de Sorbonne, employée pour réponſes aux fins de non-recevoir dudit de Courbon contre l'oppoſition deſdits de Sorbonne, à l'execution dudit Arreſt du cinq Septembre 1679. & pour defenſes ſur leſdites Lettres de reſcizion dudit Courbon. Requeſte dudit de Courbon employée pour réponſes à la precedente production deſdits de Sorbonne. Requeſte dudit Duc de Richelieu, employée pour defenſes, Ecritures, production & contredits. Requeſte dudit de Courbon, employée pour réponſes, & Requeſte deſdits de Sorbonne employée pour contredits. Ledit Acte d'oppoſition en ſous-ordre ſur la collocation de ladite Marie le Preſtre, formée au Greffe de ladite Cour ledit jour ſix Juillet 1680. par ladite Suzanne Marie Joüin. Ladite Requeſte de ladite Joüin dudit jour 9. Juillet 1680. à ce qu'elle fuſt receuë partie intervenante en ladite Inſtance d'ordre, faiſant droit ſur ſon Intervention ordonner que ſur la ſomme pour laquelle ladite le Preſtre ſeroit colloquée, ladite Joüin ſeroit payée par privilege & preference à tous autres creanciers de ladite le Preſtre, des ſommes de cent cinquante livres d'une part, & deux cent ſoixante deux livres dix ſols d'autre, contenuë aux Obligations paſſées à ſon profit par ladite le Preſtre les premier Juin 1676. & 13 Aouſt 1679. enſemble des intereſts, loyaux couſts, frais & dépens, & de ceux de l'Inſtance ; donner Acte à ladite Joüin de ce que pour Moyens d'intervention, Ecritures & production, elle employoit le contenu en ladite Requeſte ; leſdites deux Obligations & la Sentence du Chaſtelet de Paris, portant condamnation deſdites deux ſommes. Arreſt du 12. dudit mois de Juillet 1680. par lequel ladite Joüin auroit eſté receuë partie intervenante, & ſur ladite Intervention, les parties appointées en droit. Requeſte deſdits de Sorbonne, employée pour Ecritures & production. Autre Requeſte deſdits de Sorbonne employée pour contredits. Sommation de fournir de réponſes à ladite intervention & de produire par ladite le Preſtre leſdites Lettres de reſcizion de Chancellerie dudit Jean Louis de Courbon dudit jour 13. Juillet 1680. à ce qu'en enterinant les precedentes Lettres de reſcizion dudit de Courbon du trois du meſme mois de Juillet, & remettant les parties en l'eſtat qu'elles eſtoient auparavant ledit Traité du 18. Septembre 1660. les parties auſſi remiſes en l'eſtat qu'elles eſtoient auparavant les actes approbatifs dudit Traité, meſmes auparavant la demande dudit de Courbon, portée par Requeſte du 13. May 1679. énoncée & reſervée à faire droit par ledit Arreſt du cinq Septembre audit an. Ladite Requeſte dudit de Courbon dudit jour 15. Juillet 1680. afin d'enterinement deſdites Lettres, & à ce qu'il luy fut donné Acte de ce que pour Ecritures & production il employoit leſdites Lettres, ce qu'il avoit écrit & produit, & le contenu en ladite Requeſte, ſur laquelle auroit eſté mis, Ait Acte, & ſoit ſignifié, pour y répondre & produire. Requeſtes deſdits de Sorbonne & Duc de Richelieu, employées pour fins de non-recevoir contre leſdites Lettres, celle deſdits de Sorbonne auſſi employée pour defenſes & production. Requeſte dudit de Courbon employée pour Contredits contre les productions deſdits de Sorbonne, & réponſes à leur Requeſte de production nouvelle du 15. Mars 1680. en ce qui concernoit leur pretenduë hypoteque. Sommation de defendre & produire par ledit Duc de Richelieu ſur leſdites Lettres. Ladite Requeſte deſdits de Rohan Prince de Guimené, au nom & comme ayant épouzé ladite Charlotte de Cochefillet de Vaucelas, & de ladite Françoiſe Aubry veuve dudit Charles de Cochefillet, à ce qu'ils fuſſent receuës parties intervenantes en l'Inſtance, faiſant droit ſur leur intervention, ordonner que le principal de la rente de mil livres, conſtituée au profit de Meſſire Guillaume de Lamoignon, vivant premier Preſident en la Cour & arrerages qui en pourroient eſtre deûs leurs ſeroient baillez & delivrez ; ſçavoir à ladite Aubry la ſomme de trois mil deux cent livres, & audit de Rohan & ſa femme la ſomme de vingt mil livres & arrerages, écheus & a écheoir, & qu'à cet effet la groſſe du Contract de conſtitution leur ſeroit delivrée, en rendant par eux audit Gluë Deſpinville le recepiſſé, & luy fournir décharge valable dudit Contract du 16. Septembre 1653. produit en l'Inſtance par leſdits Meraut, Delarche, de Sainte-Marthe, & Gluë Deſpinville, comme exerçans les droits deſdits de Rohan & Aubry, leur donner Acte de ce que pour Moyens d'intervention, Ecritures & production, ils employoient le contenu en ladite Requeſte, & les pieces y énoncées & dattées jointes à ladite Requeſte, ſans préjudice auſdits de Rohan & Aubry, de leurs droits, actions & pretentions. Arreſt du 19. Juillet 1680. par lequel leſdits de Rohan & Aubry auroient eſté receuës parties intervenantes, & ſur l'Intervention les parties appointées en droit & Acte auſdits de Rohan & Aubry de leur employ. Production deſdits de Rohan & Aubry. Requeſte deſdits de Sorbonne employée pour réponſes à ladite Intervention & pour production. Autre Requeſte deſdits de Sorbonne, employée pour Contredits. Sommation de fournir de réponſes auſdits Moyens d'intervention, produire & contredire par leſdits Gluë Deſpinville, Duc de Richelieu,

& Ducheſſe d'Aiguillon, meſme de contredire les uns à l'encontre des autres. Ladite Requeſte deſdits Merault, Delarche, & de Sainte-Marthe dudit jour 22. Juillet 1680. à ce qu'ils fuſſent receus parties intervenantes en l'Inſtance, declarer icelle commune avec eux, faiſant droit ſur leur Intervention, ordonner que ſur le principal & arrerages de ladite rente de mil livres creé par ledit Duc de Richelieu par ledit Contract du 26. Septembre 1653. tranſportée par defunt Maiſtre Pierre Merault de Bonnes & arrerages deûs de ladite rente, leſdits Merault, Delarche, & de Sainte-Marthe ſeroient payez & mis en ſous ordre ſur ſa collocation & ſur les deniers du prix de la vente de ladite Terre pour la ſomme de trois mil livres pour trois années d'arrerages que ledit Glué Deſpinville avoit payées a ladite Aubry en l'aquit dudit Duc de Richelieu ſuivant ſa Quittance dudit jour 15. Decembre 1678. & pour leſquelles ils avoient hypoteque du jour dudit Contract de conſtitution, comme ſubrogez aux droits de ladite Aubry, à vuider ſes mains, ſeroit le Receveur des Conſignations contraint comme depoſitaire. Donner Acte audit Merault, Delarche, & de Sainte-Marthe, de ce que pour Moyens d'intervention, Ecritures & production ils employoient le contenu en ladite Requeſte & les pieces y attachées, condamner les conteſtans aux dépens. Arreſt du 27. dudit mois de Juillet 1680. par lequel leſdits Merault, Delarche & de Sainte-Marthe auroient eſté receuës parties intervenantes , & ſur ladite Intervention les parties appointées en droit. Production deſdits Delarche, Merault & de Sainte-Marthe. Requeſte deſdits de Sorbonne, employée pour réponſes auſdits Moyens d'intervention & production. Autre Requeſte deſdits de Sorbonne employée pour contredits. Sommation de fournir de réponſes à ladite Intervention, produire & contredire par leſdits Glué Deſpinville & Duc de Richelieu, mêmes de contredire les uns à l'encontre des autres. Production nouvelle dudit Duc de Richelieu, contre ledit Jean Louis de Courbon, par Requeſte du vingt dudit mois de Juillet 1680. Sommation de la contredire par ledit de Courbon. Autre production nouvelle dudit le Tellier Chancelier de France contre leſdits de Sorbonne, par Requeſte du trois du preſent mois d'Aouſt 1680. employée pour contredits contre la production nouvelle deſdits de Sorbonne , du quinziéme Mars audit an 1680. Requeſte deſdits de Sorbonne , employée pour Contredits contre ladite Production nouvelle. Requeſte dudit le Tellier Chancellier de France , employée pour Salvations & Requeſte deſdits de Sorbonne, employée pour réponces à la precedente ; Ledit Acte d'oppoſition en ſous-ordre , formé au Greffe de ladite Cour par ledit Meſtivier audit nom, ſur la collocation dudit Glué, d Eſpinville , ledit jour 11. May 1680. Ladite Requeſte dudit Meſtivier dudit jour 14. dudit mois de May audit an , à ce qu'il fut receu partie intervenante en l'Inſtance, faiſant droit ſur ſon intervention , en conſequence de ſon oppoſition en ſous-ordre , ordonner que ſur la collocation dudit Glué d'Eſpinville , ledit Meſtivier ſeroit payé par preference à tous les creanciers dudit Glué, des ſommes de dix-huit cent livres d'une part, & ſix mil huit cent livres d'autre , intereſts, frais & dépens, à ce faire le Receveur des Conſignations contraint comme depoſitaire, quoy faiſant déchargé ; & en cas de conteſtation, condamner les conteſtans aux dépens, donner Acte audit Meſtivier, de ce que pour moyens d'intervention, écritures, & production, il employoit le contenu en ladite Requeſte, & les Pieces jointes ; Arreſt d'appointé en droit, du 28. dudit mois de May 1680. Requeſte deſdits de Sorbonne employée pour Ecritures & Production. Sommation de fournir de réponces à ladite Intervention , & de produire par ledit Glué d'Eſpinville ; Tout joint & conſideré. LADITE COUR a Ordonné & Ordonne, que ſur la ſomme de deux cent ſoixante mil livres provenans de la Vente & Adjudication par Decret de ladite Terre & Seigneurie de Barbezieux , ſes circonſtances & dépendances faite au Greffe d'icelle , ledit jour 23. Juillet 1677. & ſur celle à laquelle ſe trouvera monter le reliqua du compte du prix des Baux judiciaires faits de ladite Terre & Seigneurie de Barbezieux , dont le Commiſſaire aux Saiſies Réelles ſera tenu de rendre compte dans un mois pardevant Maiſtre Eſtienne Daurat Conſeiller en ladite Cour, il en ſera pris la ſomme de cinq mil trois cent cinquante-ſix livres ſix ſols pour les frais du preſent Arreſt , & celle à laquelle ſe trouveront monter les frais extraordinaires de criées, ceux de l'Inſtance, & autres y jointes , leſquels leſdits de Sorbonne ſeront tenus de faire taxer dans quinzaine pardevant le Commiſſaire Rapporteur, avec les Procureurs deſdits du Pleſſis Duc de Richelieu ; partie ſaiſie, plus ancien des creanciers oppoſans, & ſur le ſurplus de ladite ſomme de deux cent ſoixante mil livres reſtante, il en ſera pris la ſomme de treize mil neuf cent treize livres ſept deniers , tant pour celle de ſix mil livres que ledit Duc de Richelieu audit nom de legataire univerſel dudit Cardinal Duc de Richelieu, a eſté condamné de remettre entre les mains du Receveur des Conſignations de la Cour, par Arreſts des 7. Septembre 1671. & 8. Février 1674. pour droits de Conſignations, du prix du premier Decret de ladite Terre & Seigneurie de Barbezieux, du 14. Aouſt 1640. que pour celle de cinq mil deux cent trente-trois livres trois ſols neuf deniers , reſtante de dix mil cinquante-cinq livres treize ſols adjugée par ledit Arreſt pour les intereſts de ladite ſomme de ſix mil livres, écheus juſques audit jour 7. Septembre 1671. & pour celle de deux mil ſix cent uitre-vingt cinq livres ſeize ſols dix deniers pour les intereſts deſdits ſix mil livres écheus depuis ledit jour 7. Septembre 1671 juſques au jour du preſent Arreſt adjugez par ledit Arreſt du 8. Février 1674. de laquelle ſomme de treize mil neuf cent treize livres fept deniers, il en fera payé par privilege à ladite Houel la fomme de cinq mil cent quatre vingt fept livres trois fols quatre deniers ; fçavoir trois mil deux cent livres fort prncipalde deux cens livres de rente , faifant partie de trois cent livres conftituée par ledit Vignier à Maiftre Louis Perochel Confeiller en la Cour, au profit de Jean Armede & Jeanne Benoift fa femme, par Contrat du 14. Mars 1631. cedée par ladite Benoift, veuve dudit Armede, tant en fon nom que comme tutrice de fes enfans à Meffire Jacques le Prevoft Maiftre des Requeftes, au theur deladite Houel , par Tranfport du 9. Septembre 1634. de la folidité de laquelle rente ledit le Prevoft auroit d échargé ledit Vignier, & fe feroit reftraint à fon égard àladite rente de deux cent livres, de laquelle ledit Vignier, & Dame Catherine Chabot fa femme auroient paffé titre nouvel & reconnoiffance au profit dudit le Prevoft, le tout par Acte du 21. Juillet 1645. & le furplus defdites cinq mil cent quatre vingt fept livres trois fols quatre deniers pour les arrerages defdits deux cens livres de rentes écheües jufqu'au jour du prefent Arreft, & le furplus defdits treize mil neuf cent treize livres fept deniers montant à huit mil fept cent vingt-cinq livres dix-fept fols quatre deniers, fera payé auffi par privilege par tiers aufdits Jaques Noury Elizabeth Noury veufve Simon Laudet & aufdits Elizabeth, Jeanne, Marguerite & Claude Noury enfans & heritiers de Jean Noury, fçavoir, un tiers aufdit Jaque Noury un autre tiers à ladite Elizabeth Noury veufve Simon Laudet , & l'autre tiers aufdits Elifabeth, Jeanne, Marguerite & Claude Noury en deduction de neuf mil livres fort principal de cinq cent livres de rente conftituée par lefdits Vignier & fa femme au profit de Michel Noury Pere & Ayeul defdits Noury par Contrat du 26. Febvrier 1636. & arrerages de ladite rente qui fe trouveront deubs au jour du prefent Arreft , & fur le reftant de ladite fomme de deux cent foixante mil livres , feront les Creanciers cy-aprés nommez payés; fçavoir, lefdits Armand Jean de Peyré de Trois-Villes & Jofeph Henry de Peyré Comte de Trois-Villes du 22. Octobre 1626. jour de la quittance donnée audit Cardinal de Richelieu ledit jour par Dame Hippolite d'Eftrée femme de Meffire George de Brancas de la fomme de trois cent quarente cinq mil livres à la charge de l'employ pour le prix du Gouvernement du Havre de Grace, du Regiment de Graville, & d'une Compagnie au Regiment de Navarre, de la fomme de vingt un mil huit cent dix-neuf livres douze fols; fçavoir, vingt mil livres payée par ladite deffunte Marie de Vigner d Ducheffe d'Aiguillon à Catherine de Thelis veufve Jean Moreau vivant Confeiller en la Chambre des Monnoyes par quittance du dernier Mars 1653. au payement de laquelle fomme ladite deffunte Ducheffe d'Aiguillon auroit efté condamnée au nom & comme ayant l'adminiftration des perfonnes & biens dudit Duc de Richelieu Legataire Univerfel dudit Cardinal de Richelieu , par Sentence des Requeftes du Palais du 6. Avril 1630. envers Louis François de Brancas, confirmée par Arreft du 7. Mars 1651. lequel de Brancas & Dame Magdelaine Lenoncourt auroient fait tranfport de ladite fomme de vingt mil livres, faifant partie de ladite fomme de quarente-cinq mil livres à ladite de Thelis par Acte du 23. Aouft 1651. & la fomme de dix-huit cent dix-neuf livres douze fols & les interefts de ladite fomme de vingt mil livres écheües jufqu'au jour de ladite quittance adjugez par ladite Sentence des Requeftes du Palais, ladite fomme de vingt-un mil huit cent dix-neuf livres douze fols, faifant partie de celle de quarente-cinq mil livres empruntée par ladite deffunte Ducheffe d'Aiguillon d'Armand Jean de Peyré Comte de Trois Villes Pere defdits de Peyré de Trois Villes pour laquelle elle auroit conftitué deux mil cinq cent livres de rente au profit dudit de Trois-Villes Pere, par Contrat du vingt-huit Mars 1653. aux droits de laquelle de Thelis ledit de Trois Villes Pere auroit efté fubrogé par ladite quittance du dernier Mars 1653 & de la fomme de dix mil trois cent trente-trois livres fix fols huit deniers pour les arrerages defdits vingt mil livres efcheüs a compter de cinq années avant l'oppofition du 21. Avril 1675. formée par lefdits de Trois-Villes aux fcellez appofés aprés le deceds de ladite Ducheffe d'Aiguillon. Lefdits de Sorbonne du 3. Novembre 1634. jour du Devis & Marché des Ouvrages de l'Eglife de Sorbonne fait par ledit Cardinal de Richelieu comme Creanciers dudit Cardinal de Richelieu par luy reconnus tels de fon vivant par fon teftament paffé pardevant Falconis Notaire Royal à Narbonne, le 23. May 1642. de la fomme de cent dix mil huit cent cinquante cinq livres dixfept fols reftante à payer de celle de cent trente cinq mil deux cens quatreving onze livres pour le prix des Ouvrages qui reftent à faire dans ladite Eglife de Sorbonne, lefquels Ouvrages ladite deffunte Ducheffe d'Aiguillon en ladite qualité d'adminiftratrice des perfonne & biens dudit Duc de Richelieu fe feroit obligée de faire faire par tranfaction du 28. May 1648. & ledit Duc de Richelieu condamné par Arreft du 23. Juin 1667. payer la fomme à laquelle fe trouveront monter lefdits Ouvrages fuivant le Procez Verbal du 1. Decembre 1651 à laquelle fomme de cent trente cinq mil deux cens quatre vingt onze livres , lefdits Ouvrages ont depuis efté eftimez par Pierre le Brun Architecte du Roy, en execution dudit Arreft, de laquelle fomme auroit efté ordonné executoire eftre delivré aufdits de Sorbonne par autre Arreft du 5. Septembre 1671. à l'encontre dudit Duc de Richelieu, laquelle fomme de cent dix mil huit cens cinquante cinq livres dix-fept fols reftans defdits ouvrages & prix de l'eftimation dudit le Brun, ledit Duc de Richelieu fe feroit obligé de payer aufdits de Sorbonne au 10. Janvier 1675.

avec les interefts par tranfaction en forme de compte faite entr'eux le 11. Janvier 1674. de la fomme de trente mil fix cens cinquante fix livres onze fols cinq deniers pour les interefts de la dite fomme de cent dix mil huit cent cinquante cinq livres dix-fept fols efcheus depuis le 10. Janvier 1675. fuivant qu'il eft porté par ladite tranfaction, defduction faite de ce qui fe trouvera avoir efté reçu par lefdits de Sorbonne. Premierement fur lefdits interefts & enfuite fur le principal, lefquelles deux fommes lefdits de Sorbonne feront tenus d'employer au payement defdits Ouvrages & d'en rendre compte audit Duc de Richelieu par un bref eftat, & raporter quittance des payemens qui feront faits defdites fommes fuivant & conformément aufdits Arrefts & à la-dite tranfaction du 11 Janvier 1674. & de la fomme à laquelle fe trouveront monter les dépens à eux adjugez par ledit Arreft du 5 Septembre 1671. & ceux faits en execution dudit Arreft auf-quels ledit Duc de Richelieu s'eft obligé par ladite tranfaction fuivant la taxe qui en fera faite en la maniere accouftumée, & avant faire droit fur l'oppofition dudit Jean Louis de Courbon du 31. Juillet 1677. & oppofition de Mademoifelle de Montpenfier en foubs ordre fur ledit de Courbon du 20. Janvier 1680. ordonne que dans un an lefdits Duc de Richelieu & de Courbon feront diligence de faire juger les inftances d'entre Marie Daydie demanderefle en Requefte du 28. Juin 1670 contre ledit de Courbon afin de fe defifter & departir de la poffeffion & jouiffan-ce de la Baronnie de Cozes & Chaftellenie de la Feriere, en rendre & reftituer les fruits. & dudit de Courbon demandeur en Requefte du 13. May 1679. contre ledit Duc de Richelieu afin d'an-nuller & refoudre le traité fait entr'eux le 18. Septembre 1660. de la vente de ladite Terre & Ba-ronnie de Cozes & Feriere, reftituer & payer les fommes énoncées en ladite demande, interefts dommages, interefts, reparations frais & loyaux couts & autres inftances refervées à juger par l'Arreft donné en la deuxieme Chambre des Enqueftes le 5. Septembre 1679. en procedant au jugement du principal & du refcizoire auffi refervé a juger par ledit Arreft, & à cét effet les parties fe pourvoiront ainfi qu'elles verront bon eftre pour faire juger conjointement avec lefdites inftances tant l'oppofition defdits de Sorbonne audit nom à l'execution dudit Arreft du 5. Septembre 1679. qu'inftances de lettres de refcizion obtenues par ledit de Courbon les trois & 13. Juillet dernier pour ce fait & raporté leur eftre fait droit, & cependant les Creanciers pofterieurs au Contrat d'efchange des Terres de Champigny & autres du 27. Fevrier 1635. toucheront en donnant bonne & fuffifante caution receuë avec ledit de Courbon & Mademoi-felle de Montpenfier pardevant le Confeiller Raporteur & en cas d'abfence pardevant Maiftre Eftienne Daurat Confeiller en ladite Cour de raporter les fommes qu'ils toucheront & pour lefquelles ils feront utilement colloqués s'il eft ainfi ordonné par ladite Cour, lefdits Glué; d'Epinville, Philipeaux, Jolly, de Fleury, Edouard, Jean Baptifte Michel Colbert, ledit fieur le Tellier Chancelier de France, & Caffagnet de Tilladet par concurrence entr'eux au fol la livre du 22. Aouft 1641. jour de la declaration de Richard Marpon que l'acquifition qui avoit efté faite foubs fon nom par Contrat du 1. Avril 1640. de la principauté de Tingry Terre de Huglieres, Liancourt & Bellancourt de la Maifon de Luxembourg eftoit pour & au profit du dit Cardinal de Richelieu & par luy accepté comme ayant efté les fommes par eux preftées à ladite deffunte Ducheffe d'Aiguillon audit nom employée au payement du prix de ladite prin-cipauté de Tingry & Terres aux creanciers de ladite Maifon de Luxembourg; fçavoir, ledit Glué d'Epinville Legataire univerfel d'Anne Glué au jour de fon deceds, veufve de Pierre Merault Secretaire du Roy qui avoit droit de Meffire Guillaume de la Moignon Premier Prefident, par Contrat defchange du 15. Fevrier 1659. de la fomme de huit mil cinq cens livres faifant partie de vingt mil livres empruntée par ladite deffunte Ducheffe d'Aiguillon audit nom d'adminiftra-trice des perfonne & biens dudit Duc de Richelieu, dudit fieur Premier Prefident pour laquelle elle luy auroit conftitué mil livres de rente par Contrat du 26. Septembre 1653. ladite fomme de huit mil fix cens livres faifant partie de vingt-huit mil fix cent livres payés par ladite Ducheffe d'Aiguillon par quittance du 26. Septembre 1653. à Dame Elifabeth Favier veuve Meffire An-thoine Darville Marquis de Palaifeau, tant en fon nom que comme eftant aux droits de Dame Elifabeth Darville fa fille & encore comme tutrice des autres enfans mineurs dudit deffunt & d'elle; fçavoir, feize mil cinq cens livres pour le rachapt & admortiffemenr de mil trente une li-vres cinq fols de rente conftituée par Meffire Jacques Vignier Confeiller d'Eftat, tuteur o-neraire de Damoifelle Charlotte Louife de Luxembourg fille & heritiere de Meffire Henry de Luxembourg, & Dame Magdelaine de Montmorency fa femme au profit de Meffire Claude Darville Marquis de Palaifeau, par Contrat du 7. Septembre 1618. & le furplus de ladite fomme de ving huit mil fix cens livres pour les arerages de ladite rente de mil trente une livre cinq fols efcheus jufqu'audit jour vingt-fix Septembre 1653. ladite quittance portant fubrogation de droits & hipoteques par ladite Favier au profit de ladite Ducheffe d'Aiguillon. Declaration que de la-dite fomme de vingt huit mil fix cens livres celle de huit mil fix cens livres provenant defdits vingt milles livres par elle empruntée dudit fieur Premier Prefident faifant partie, lequel la-dite Ducheffe d'Aiguillon avoit à cet effet fubrogé aux mefmes droits & hypoteques aufquels ladite Favier l'avoit fubrogé, de laquelle fomme de huit mil fix cens livres en auroit efté em-ployé quatre mil neuf. cent foixante une livre onze fols au rachapt du principal de ladite rente

de

de mil trente une livre cinq fols , & le furplus montant à trois mil fix cens trente huit livres neuf fols au payement defdits arerages de deux mil cent vingt-neuf livres fix fols dix deniers pour les arerages defdits quatre mil neuf cens foixante une livre onze fols efcheus depuis le vingt-neuf Decembre 1671. cinq années avant l'oppofition du 29. Decembre 1676. de la fomme de deux mil huit cens cinquante trois livres, fçavoir deux mil trois cens livres de principal payée par ladite deffunte Ducheffe d'Aiguillon à Thimoleon Victon ayant droit de Dame Marguerite Meniffon veuve de Meffire Tanneguin Seguier Prefident en la Cour , & de Meffire Pierre Seguier Prevoft de Paris du 24. Septembre 1653. ladite fomme deue par MeffireHenry de Clermont Duc de Luxembourg par tranfaction du 23. Febvrier 1634. adjugée à ladite Meniffon par Arreft du Confeil du 20. Juillet 1645. & cinq cens livres pour les interefts adjugez par Sentence des Requeftes de l'Hoftel, du 12. Fevrier 1650. ladite fomme de deux mil huit cens cinquante trois livres faifant partie de ladite fomme de ving mil livres empruntée par ladite Ducheffe d'Aiguillon dudit Sieur Premier Prefident par Contrat du 26. Septembre 1653. payée par quittance du 30. Mars 1654. portant fubrogation par ledit Victon au profit dudit fieur Premier Prefident de la fomme de neuf cens quatre-vingt onze livres cinq fols pour les interefts defdits deux mil trois cens livres à compter cinq années avant l'oppofition du 29. Decembre 1676. de la fomme de deux mil quatre cens quatre-vingt huit livres huit fols fept deniers faifant partie de deux mil fept cens vingt-cinq livres deux fols payée à Maffon Procureur en la Cour , par ladite deffunte Ducheffe d'Aiguillon efdits noms, fçavoir , quatorze cens vingt-cinq livres pour partie des frais & defpens faits par ledit Maffon comme Procureur defdits de Luxembourg en execution dudit Contrat de vente defd. Principautez de Tingry & Terres de Liancourt , Huglieres & Bellancourt du 1. Avril 1640. pour laquelle fomme de quatorze cens vingt-cinq livres deux fols , ledit Maffon auroit efté colloqué & diftribué fur ladite Ducheffe d'Aiguillon à caufe de la part qu'elle devoit audit nom du prix defdites Terres par le Procez Verbal du 25. Juin 1649. en execution de l'Arreft du 21. Juillet 1645. & trois cens cinquante fept livres dix-huit fols pour les interefts defdits quatorze cens vingt-cinq livres deux fols liquidez par Arreft du 7. Septembre 1654. huit livres pour les efpices & coufts dudit Arreft, fix livres dix fols pour les frais faits en execution d'iceluy , & neuf cens vingt-fept livres douze fols pour les defpens faits par ledit Maffon pour avoir payement de fon deub, aufquels defpens ladite Ducheffe d'Aiguillon auroit efté condamnée par Sentence & Arreft confirmatif du 7. Juillet 1650. & 5. Aouft 1652, ledit payement fait par quittance du 21. Janvier 1655. fçavoir ladite fomme de deux mil quatre cens quatre-vingt huit livres huit fols fept deniers provenans & faifant partie de celle de vingt mil livres empruntées par ladite Ducheffe d'Aiguillon dudit fieur Premier Prefident par ledit Contrat du 26, Septembre 1653. & le furplus defdits deux mil fept cens vingt-cinq livres deux fols, montant à deux cens trente fix livres deux fols faifant partie d'autre fomme de vingt mil livres empruntée par ladite Ducheffe d'Aiguillon de Dame Charlotte de Bourlon veuve de M. Jean Joly de Fleury Confeiller au grand Confeil par Contrat du 16. Mars 1654. ladite quittance portant fubrogation par ledit Maffon au profit de ladite Ducheffe d'Aiguillon , & ladite Ducheffe d'Aiguillon au profit dudit fieur de la Moignon Premier Prefident de ladite fomme de deux mil quatre cens quatre-vingts huit livres huit fols fix deniers, de la fomme de fix cens quinze livres pour les interefts defdits quatorze cens vingt-cinq livres deux fols à compter dudit jour 29. Decembre 1671. cinq années avant l'oppofiton du 29. Decembre 1676. de la fomme de deux mil fept cens vingt une livre quatre fols, fçavoir, deux mil foixante deux livres de principal payé par ladite Ducheffe d'Aiguillon audit nom par quittance du 17. Mars 1654. à Barthelemy & François Gautier en leurs noms & comme ayant droit par tranfport de Jean Rabottin au nom & comme tuteur oneraire des enfans mineurs de Meffire Louis de Crevan Marquis d'Humieres , & Dame Elifabeth Philipes fa femme , lefdits mineurs heritiers de Meffire Louis de Crevan Vicomte de Brigueil leur ayeul , laquelle fomme ladite Ducheffe d'Aiguillon tant en fon nom qu'en ladite qualité d'adminiftratrice auroit efté condamnée par Sentence des Requeftes du Palais, des onze Aouft mil fix cent cinquante , 8. Mars 1652. & par autres Sentences du Chaftelet, des 19 Janvier & 23 Février audit an 1650 , vers lefdits Gautier, confirmée par Arreft du 5 Aouft 1652, pour les droits Seigneuriaux deubs audit Louis de Crevant Vicomte de Brigueil, quatre cens dix-huit liv. pour les interefts de lad. fomme de deux mil foixante-deux liv. écheus jufqu'au vingt-neuf Septembre 1653 , & deux cens trente-trois livres quatre fols pour les dépens faits par lefdits Gautier, & adjugez par lefdites Sentences ; ladite fomme de deux mil fept cens vingt-une livre quatre fols , faifant auffi partie de vingt mil livres empruntée par ladite Ducheffe d'Aiguillon , dudit fieur premier Prefident, par ledit Contrat du 26 Septembre 1653. Ladite Quittance portant fubrogation par lefdits Gautier au profit de ladite Ducheffe d'Aiguillon , & ladite Ducheffe d'Aiguillon au profit dudit fieur premier Prefident, de la fomme de huit cens quatre-vingts neuf livres dix-fept fols dix deniers pour les interefts defdits deux mil foixante-deux livres écheus depuis ledit jour 29 Decembre 1671 , cinq années avant ladite oppofition , de la fomme de neuf cens trente-une livres , faifant partie de huit mil trois cens livres payée par ladite Ducheffe d'Aiguillon audit nom , par Quittance du 22 Mars 1654 , à Antoine Olin, tant pour luy que pour fes co-

E

heritiers en la fucceffion de Marie Touchet veuve d'Antoine Olin , fçavoir trois mil deux cens livres pour le rachat de deux cent livres de rente, conftituée par Contrat du 24 Septembre 1615, par Dame Henriette Catherine de Balfac, au profit de Thomas de Maynon , & cinq mil cent livres pour les arrerages écheus jufques au jour de ladite Quittance ; ladite fomme de neuf cens trente-nne livres faifant auffi partie de celle de vingt mil livres , empruntée par ladite Ducheffe d'Aiguillon dudit fieur premier Prefident , par ledit Contrat du 16 Septembre 1653, & le furplus de ladite fomme montant à fept mil trois cens foixante-huit livres dix-neuf fols neuf deniers , faifant partie de celle de vingt huit mil livres auffi empruntée par ladite Ducheffe d'Aiguillon , de Maiftre Claude Jolly Chanoine de l'Eglife de Paris , au nom & comme tuteur des enfans mineurs de Maiftre Antoine Loifel Confeiller en la Cour , & de Dame Anne le Boulanger fa femme , par Contrat du 21 Mars 1654 ; ladite Quittance portant fubrogation par ledit Olin , au profit dudit fieur premier Prefident , pour ladite fomme de neuf cens trente-une livres , il en auroit efté employé deux cens trente-deux livres quinze fols , au rachat de ladite rente de deux cens livres , & fix cens quatre vingts dix-huit livres cinq fols au payement des arrerages écheus jufques au jour de ladite Quittance , de la fomme de cent livres trois fols cinq deniers pour les arrerages defdits deux cens trente-deux livres quinze fols , faifant partie defdits neuf cens trente une livres , écheus depuis ledit jour 29 Decembre 1671, cinq années avant ladite oppofition , de la fomme de quatre cens foixante dix huit livres deux fols fix deniers payée par ladite Ducheffe d'Aiguillon audit nom à André de Boiffot, au nom & comme tuteur de Magdelaine de Boiffot fa fille , & de Marie de Vallich fa femme , feule heritiere de ladite de Vallich , & pour un cinquiéme de Maiftre Nicolas Boïllard Maiftre des Comptes , par Quittance du 28 Mars 1654 , fçavoir trois cens livres pour le rachat de dix-huit livres quinze fols de rente à prendre en quatre-vingts treize livres quinze fols de rente, montant en principal à quinze cens livres , faifant moitié de cent quatre vingts fept livres dix fols de rente, dont le principal eftoit de trois mil livres , preftée par Contrat du 12 Octobre 1611 , par ledit Boillart à Meffire François Duc de Luxembourg , pour le fupplément du denier douze au denier feize , de fept cens cinquante livres de rente conftituée par ledit de Luxembourg, au profit dudit Roillart , par Contrat du 23 Avril 1586 , & cent foixante dix-huit livres deux fols fix deniers pour les arrerages defdits dix-huit livres quinze fols de rente , écheus jufques audit jour 28 Mars 1654 , ladite fomme de quatre cens foixante dix-huit livres deux fols fix deniers , faifant auffi partie de celle de vingt mil livres empruntée par ladite Ducheffe d'Aiguillon , dudit fieur premier Prefident , par ledit Contrat du 16 Septembre 1653, ladite Quittance portant fubrogation par ledit de Briffot au profit de ladite Ducheffe d'Aiguillon , & ladite Ducheffe d'Aiguillon au profit dudit fieur de la Moignon Premier Prefident ; De cent vingt-neuf livres onze fols huit deniers pour les arrerages defdits trois cens livres , à compter cinq années avant l'oppofition , dudit jour 29 Decembre 1676, de la fomme de quatorze cens trente-quatre livres quinze fols payée par ladite Ducheffe d'Aiguillon audit nom, à Denis Defcamin , fondé de Procur tion d'Alexandre le Grand , & de Jacqueline Defcamin fa femme , & Thomas André tuteur de Magdelaine & Marie Levefque , filles mineures de Jacques Levefque & Magdelaine Defcamin , & encore ledit Denis Defcamin tuteur honoraire defdits mineurs , par Quittance du 30 Mars 1654 , fçavoir audit Denis Defcamin audit nom de Procureur defdits le Grand & fa femme , cinq cens quatre-vingts dix-fept livres dix-fept fols , dont y avoit trois cens foixante-quinze livres pour le rachat de 23 livres huit fols neuf deniers de rente , à prendre en ladite rente, quatre-vingts treize livres quinze fols , dont le principal eftoit de quinze cens livres , faifant moitié de ladite rente de cent quatre-vingts fept livres dix fols rachetable de trois mil livres fournis par ledit Contrat, du 12 Octobre 1611 , par ledit Raillart audit Duc de Luxembourg , pour ledit fupplement du denier douze au denier feize de ladite rente, de fept cens cinquante livres conftituée par ledit Duc de Luxembourg au profit dudit Roillart , par ledit Contrat du 23 Avril 1586 , & deux cens vingt deux livres quinze fols pour les arrerages defdits trois cens foixante quinze livres écheus jufques audit jour 30 Mars 1654. Et audit André audit nom la fomme de huit cens trente-fept livres , fçavoir cinq cens vingt-cinq livres de principal pour le rachat de trente-deux livres feize fols quatre deniers de rente , faifant auffi partie de ladite rente de quatre-vingts treize livres quinze fols , rachetable defdits quinze cens livres provenant de la fucceffion dudit Roillart , & trois cens douze livres pour les arrerages defdits cinq cens vingt-cinq livres écheus jufques audit jour 30 Mars 1654 , ladite fomme de quatorze cens trente-quatre livres quinze fols , faifant auffi partie defdits vingt mil livres empruntée par ladite Ducheffe d'Aiguillon dudit fieur de la Moignon Premier Premier par ledit Contrat , du 16 Septembre 1653, ladite Quittance portant fubrogation par lefdits Defcamin & André au profit de ladite Ducheffe d'Aiguillon, & ladite Ducheffe d'Aiguillon au profit dudit fieur de la Moignon de trois cens quatre-vingts huit livres quinze fols pour les arrerages defdits principaux, de trois cens foixante-quinze livres , & cinq cens vingt-cinq livres écheus depuis ledit jour 29 Decembre 1671, cinq années avant ladite oppofition du 29 Decembre 1676 , de la fomme de quatre cens quatre-vingts treize livres deux fols payée par ladite Ducheffe d'Aiguillon audit nom à Magdelaine du Jardin veuve de Louis Parnajon , legataire pour un cinquié-

me dudit Roillard , par Quittance du 12 Janvier 1655 , ſçavoir trois cens livres pour le ſort principal de dix-huit livres quinze ſols de rente à prendre en celle de quatre-vingts treize livres
quinze ſols , faiſant moitié deſdits cent quatre-vingts ſept livres dix ſols de rente , dont le
principal eſtoit de trois mil livres fournis par ledit Roillart audit Duc de Luxembourg , par ledit Contrat du 12 Octobre 1611 , & cent quatre-vingts treize livres deux ſols pour les arrerages deſdits dix huit livres quinze ſols de rente écheus juſques audit jour 12 Janvier 1655 , ladite
ſomme de quatre cent quatre-vingt treize livres deux ſols , provenante auſſi de celle de vingt
mil livres empruntée par ladite Ducheſſe d'Aiguillon dudit ſieur de la Moignon Premier Preſident , par ledit Contrat du 26 Septembre 1653 , ladite Quittance portant ſubrogation par ladite
du Jardin au profit de ladite Ducheſſe d'Aiguillon , & ladite Ducheſſe d'Aiguillon au profit dudit ſieur de la Moignon Premier Preſident , de cent vingt-neuf livres onze ſols huit deniers
pour les arrerages deſdits trois cent livres de principal écheus depuis ledit jour 29 Decembre
1671, cinq années avant l'oppoſition dudit jour 29 Decembre 1676 , ledit Phelippeaux & Anne
Loiſel ſa femme , ayans droit par declaration par leur Contrat de Mariage , du 4 Aouſt 1659 ,
dudit Jolly Chanoine de l'Egliſe de Paris , de la ſomme de vingt mil ſix cent trente-une livres
neuf ſols trois deniers , employée par ladite Ducheſſe d'Aiguillon , au payement du prix de
ladite Principauté de Tingry , & par elle payée à Guillaume Frezon & Catherine Feydeau
veuve de François Frezon , tant en ſon nom que comme tutrice & ayant la Gardenoble des
enfans mineurs dudit deffunt & d'elle, par Quittance du 23 Mars 1654 , provenant & faiſant
partie de celle de vingt-huit mil livres empruntée par ladite Ducheſſe d'Aiguillon , dudit Jolly
Chanoine de l'Egliſe de Paris , tuteur des enfans mineurs deſdits Antoine Loiſel & Anne
le Boulanger ſa femme , pour laquelle ſomme ladite Ducheſſe d'Aiguillon auroit conſtitué
quatorze cent livres de rente audit nom , par Contrat du 21 Mars 1654 , ladite ſomme de
vingt mil ſix cent trente une livres neuf ſols trois deniers deuë auſdits Frezon & Feydeau eſdits
noms , ſçavoir douze mil cent cinquante livres de principal cedée par Dame Elizabeth des Ur-
ſins, femme de Meſſire Louis de la Marre Prince de Faugamon, tant en ſon nom que comme
procuratrice dudit de la Marre à Guillaume & François Frezon pere & fils , par Contrat du
27 Novembre 1614 , reſtant de celle de quinze mil ſept cent cinquante livres contenuë en la
promeſſe de Meſſire Henry Duc de Luxembourg , & d'Eſpinay Prince dudit Tingry , du 30
Janvier 1614 , au profit deſdits de la Marre & ſa femme , reconnu pardevant Notaire , par Acte
du 7 Février 1614 , au payement de laquelle ſomme de douze mil cent cinquante livres ledit
Duc de Luxembourg a eſté condamné par Sentence des Requeſtes du Palais , du 20 Janvier 1616 , & huit mil quatre cent quatre-vingt une livres neuf ſols neuf deniers pour les intereſts de ladite ſomme de douze mil cent cinquante livres , écheus juſques au jour de ladite
Quittance , du 23 Mars 1654 , portant ſubrogation par leſdits Frezon & Feydeau au profit
de ladite Ducheſſe d'Aiguillon , & par ladite Ducheſſe d'Aiguillon , au profit dudit Jolly audit
nom , de quatre mil neuf cent dix livres ſept ſols ſix deniers pour les arrerages deſdits douze mil
cent cinquante livres de principal écheus depuis le 17 Juillet 1672, cinq années avant l'oppoſition deſdits Phelippeaux & ſa femme , du 17 Juillet 1677 , de la ſomme de ſept mil trois cent ſoixante-huit livres dix ſols neuf deniers , faiſant partie de huit mil trois cent livres , payée par ladite Ducheſſe d'Aiguillon audit nom , audit Antoine Olin , tant pour luy que pour ſes coheritiers en la ſucceſſion de ladite Marie Touchet veuve Antoine Olin , par Quittance du 22
Mars 1652 ; ſçavoir trois mil deux cent livres pour le rachat de deux cens livres de rente conſtituée par ladite Henriette de Balſac au profit dudit Thomas de Maynon , par Contrat du
24 Septembre 1615 , & cinq mil cinq cent livres pour les arrerages de ladite rente , écheus juſques au jour de ladite Quittance, ladite ſomme de ſept mil trois cent ſoixante-huit livres dix-
neuf ſols neuf deniers , faiſant partie de celle de vingt-huit mil livres empruntée par ladite Ducheſſe d'Aiguillon , dudit Jolly audit nom , par ledit Contrat du 21 Mars 1654 , ladite Quittance portant ſubrogation par ledit Olin au profit dudit Jolly pour ladite ſomme de ſept mil
trois cent ſoixante-huit livres dix-neuf ſols neuf deniers ; de laquelle il a eſté employé
deux mil neuf cent ſoixante-ſept livres cinq ſols , au rachat de ladite rente de deux cent livres,
& quatre mil quatre cent une livre quinze ſols , au payement des arrerages écheus juſqu'au
jour de ladite Quittance , du 22 Mars 1654 , de douze cent vingt livres dix-huit ſols trois deniers pour les arrerages deſdits deux mil neuf cens ſoixante-ſept livres cinq ſols , faiſant partie
deſdits ſept mil trois cens ſoixante-huit livres dix-neuf ſols neuf deniers , écheus depuis ledit
jour 17 Juillet 1672 , cinq années avant ladite oppoſition , du 17 Juillet 1677 , ledit Jolly
de Fleury de la ſomme de neuf mil cent ſoixante & onze livres dix-huit ſols , reſtant de celle
de vingt mil livres , faiſant le ſort principal de mil livres de rente conſtituée par ladite Ducheſſe
d'Aiguillon audit nom , par Contrat du 26 Mars 1654 , au profit de Dame Charlotte Bourlon
veuve de Meſſire Jean Jolly Conſeiller au Grand Conſeil , ladite ſomme de vingt mil livres
payé par ladite Ducheſſe d'Aiguillon . par Quittance du 27 dudit mois de Mars 1654 , ſçavoir à Maiſtre Eſtienne Charlet Conſeiller en la Cour , en l'acquit & décharge de Meſſire
Henry de Bourbon Duc de Verneüil , heritier beneficiaire de ladite Catherine de Balſac

Marquiſe de Verneüil , la ſomme de dix mil ſix cens quatre-vingt quatre livres ſeize ſols, faiſant partie deſdits vingt mil livres , laquelle ſomme de dix mil ſix cens quatre-vingt quatre
livres ſeize ſols avec autres deniers , faiſant trente mil ſix cent quatre-vingt quatre livres
ſeize ſols , en auroit eſté employé ſeize mil livres pour le rachat de mil livres de rente conſtituée audit Charlet par ladite de Balſac , par Contrat du deux Avril 1631 , & quatorze mil
cinq cens quatre-vingts quatre livres ſeize ſols pour les arrerages de ladite rente écheus juſqu'au jour de ladite Quittance , du 17 Mars 1654 , ledit payement ordonné eſtre fait audit
Charlet en ladite qualité de creancier dudit de Bourbon ſur le principal de la rente conſtituée
au profit de ladite de Balzac par leſdits Henry de Luxembourg & Magdelaine de Montmorency ſa femme , par Contrat du 18 Aouſt 1615 , ladite Quittance dudit Charlet portant
ſubrogation au profit de ladite de Bourlon ; Plus la ſomme de quatre mil cinq cens ſoixante-
trois livres treize ſols pour le principal & arrerages de quatre-vingts treize livres dix ſols , faiſant moitié deſdits cent quatre-vingts ſept livres de rente conſtituée par ledit Contrat du 12
Octobre 1611 , par ledit François Duc de Luxembourg au profit dudit Nicolas Roillart , payée
par ladite Ducheſſe d'Aiguillon à Nicolas Lambert , par Quittance du 18 Mars 1654 , par
laquelle auroit eſté declaré que ladite ſomme de quatre mil cinq cens ſoixante-trois livres
treize ſols provenoit de celle empruntée par ladite Ducheſſe d'Aiguillon de ladite Bourlon par ledit Contrat du 26 dudit mois de Mars 1654 , au moyen de quoy ledit
Lambert auroit ſubrogé ladite Ducheſſe d'Aiguillon en ſes droits , privileges ,
& hypoteques, & ladite Ducheſſe d'Aiguillon conſenty ladite ſubrogation au profit de ladite
Bourlon ; Plus la ſomme de deux cens trente-ſix livres deux ſols , faiſant avec autres deniers celle de deux mil ſept cens vingt-cinq livres deux ſols payée par ladite Ducheſſe d'Aiguillon audit nom , par ladite Quittance du 21 Janvier 1655 audit Maſſon Procureur en la Cour
pour frais & dépens par luy faits comme Procureur deſdits de Luxembourg , en execution
dudit Contrat de Vente deſdites Principauté de Tingry & Terres de Liancourt , Huglieres ,
& Belancourt , du premier Avril 1640 , ladite ſomme de deux cens trente-ſix livres deux ſols
provenant de celle empruntée par ladite Ducheſſe d'Aiguillon de ladite Bourlon , par ledit
Contract du 26 Mars 1654 , ladite Quittance portant ſubrogation par ledit Maſſon au profit
de ladite Ducheſſe d'Aiguillon , & par ladite Ducheſſe d'Aiguillon au profit de ladite Bourlon , & la ſomme de trois mil ſept cens vingt-ſix livres dix huit ſols cinq deniers auſſi payée
par ladite Ducheſſe d'Aiguillon audit nom , par Quittance du 22 Mars 1656 , à Louis d'Eau-
bonne , tant pour le principal , qu'intereſts , frais & dépens qu'il avoit faits pour parvenir
au Contrat d'acquiſition deſdites Terres de la Maiſon de Luxembourg , dudit jour premier
Avril 1640 , pour leſquels frais il a eſté colloqué par préference ſur ledit Duc de Richelieu
par ledit Arreſt d'Ordre du Conſeil , du 21 Juillet mil ſix cens quarente-cinq , & par le Procés
verbal des Commiſſaires députez pour la liquidation des debtes de ladite Maiſon de Luxembourg,
du 15 Juin 1649 . ladite ſomme de trois mil ſept cens vingt-ſix livres dix-huit ſols procedans au-
ſi de celle de vingt mil livres empruntée par ladite Ducheſſe d'Aiguillon de ladite Bourlon par
ledit Contrat du 26. Mars 1654. & de quatre mil huit cens neuf livres ſeize ſols pour les arrerages eſcheus de la ſomme de neuf mil cent ſoixante douze livres depuis le 25. Febvrier 1670.
qu'il à reçu du Receveur des conſignations la ſomme d'onze mil huit cens vingt-huit livres deux
ſols pour laquelle il avoit eſté coloqué par l'Arreſt d'ordre du prix de la Terre de Bois-le-Vicomte du 7. Septembre 1665. ſauf à luy à ſe pourvoir pour les arerages de ladite rente entiere de
mil livres eſcheuz depuis le 26. Decembre 1664. juſqu'audit jour 25. Febvrier 1670. par luy
pretendus ainſi qu'il adviſera bon eſtre & deffences au contraire , ledit Edoüard Colbert de Villacerf de la ſomme de treize mil livres ſort principal de ſix cens cinquante livres de rente faiſant
partie de celle de deux mil ſix cens livres conſtituée par ladite Ducheſſe d'Aiguillon audit nom
& encore en ſon nom au profit de Meſſire Jean Baptiſte Colbert Chevallier Seigneur de Saint
Poüange & de Villacerf par Contrat du 28. Decembre 1653. moyennant cinquante deux mil
livres , lequel Jean Baptiſte Colbert auroit fait declaration ledit jour qu'en ladite conſtitution
de deux mil ſix cens livres de rente , il y en avoit ſix cens cinquante livres qui apartenoient audit
Edoüard Colbert ſon fils qui avoit fourny de ſes deniers ladite ſomme de treize mil livres faiſant partie deſdits cinquante deux mil livres portée par ladite conſtitution , laquelle ſomme de
cinquante deux mil livres ſuivant la ſtipulation portée par ledit Contract , avoit eſté employée
avec celle de quinze mil cinq cens livres , faiſant ſoixante ſept mil ſept cent livres , empruntée
par ladite Ducheſſe d'Aiguillon de Meſſire Gabriel de Caſſagnet , Marquis de Tilladet , par Contrat dudit jour, au payement des debtes de ladite maiſon de Luxembourg ; ſçavoir audit Denis
Deſcamin, tant en ſon nom que comme heritier pour un tiers de Jean Deſcamin & Magdeleine Simon ſes pere & mere, que comme ayant les droits de ſes coheritiers és ſucceſſions deſdits
Jean Deſcamin & Magdeleine Simon de Marquemont, la ſomme de trente-ſix mil ſix cent vingt-
cinq livres, par Quitance du 30. dudit mois de Decembre 1653. ſçavoir quatorze mil deux cent
ſoixante ſeize livres pour le rachapt de huit cent quatre-vingt douze livres cinq ſols de rente, reſtant à rachepter de mil livres de rente, conſtituée par Meſſire Juſte de Pontallier , Baron de
Pleurs,

Pleurs, tant en fon nom que comme ce faifant fort de Dame Diane de Luxembourg fa femme,
au profit dudit jean Defcamin, par Contract du 2. Septembre 1613. ratifié par ladite Dame Diane de Luxembourg, par Acte du neuf dudit mois de Septembre ; Dixhuit mil fept cent trente livres pour les arrerages de ladite rente de huit cent quatre virgt douze livres cinq fols, échus
jufques au 29. dudit mois de Decembre 1653. jour des off es de ladite Duchefle d'Aiguillon :
Dix- huit cent cinquante- fix livres fept fols, avancez par ledit Denis Defcamin, pour les épices
& frais de l'Arreft du fix Septembre audit an 1653. par lequel auroit efté ordonné qu'en payant
audit Defcamin, à François de Roufielet, Seigneur de Chafleau-Regnault ; Dame Louife de
Compans fa femme, & autres creanciers de ladite Diane de Luxembourg dénommez audit Arreft, à leurs cautions juratoires la fomme de trente-cinq mil trente- neuf livres & interefts, à
compter du 15. Avril 1628. Meffire Charles Henry de Clermont de Luxembourg, & Dame Marie
Charlotte de Luxembourg fa femme, demeureroient quittes de la fomme de quatre-vingt dix mil
livres & interefts mentionnez audit Arreft : Dix-fept cent foixante-deux livres treize fols fur les
frais & mifes d'execution faits par ledit Defcamin, faifant ladite fomme de trente-fix mil fix
cent vingt cinq livres, & encore la fomme de huit cent cinquante neuf livres cinq fols, pour refte
defdits frais & mifes d'execution dudit Arreft, & fur le furplus de ladite fomme de foixante fept
mil cinq cent livres, auroit efté payé par ladite Duchefle d'Aiguillon, audit nom, aufdits de Rouf-
felet & fa femme, entre les mains de François de Roufielet leur fils aîné, par Quirance dudit jour
30. Decembre 1653. fçavoir douze mil livres pour le rachapt & admortiffement de fept cent
cinquante livres de rente, conftituez au profit de Meffire Jean Baptifte de Bermont Maiftre des
Requeftes, au nom & comme tuteur de ladite Louife de Compans par lefdits de Pontallier & Diane de Luxembourg fa femme, par Contrat du 17. Decembre 1613. ratifié par ladite Diane de Luxembourg, par Acte du 27. dudit mois de Decembre, & dix-fept mil cinq cent quinze livres quinze fols, fur- & tantmoins de la fomme de dix huit mil trois cent foixante quinze livres, pour les
arrerages defdits fept cent cinquante livres de rente, échus jufques audit jour 30. Decembre 1653.
aux mefmes conditions & fuivant ledit Arreft du fix Septembre 653. ladite Quitance ratifiée par
lefdits de Roufielet & de Compans, pere & mere dudit François de Roufielet, par Actes des 15.
Janvier 1654, & 26 May 1661, par lefquelles Quittances lefdits Defcamin, de Roufielet & fa
femme auroient confenti la fubrogation de leurs droits, hypoteques & privileges au profit de
ladite Duchefle d'Aiguillon, & ladite Duchefle d'Aiguillon au profit defdits Colbert & de Caffagnet, de laquelle fomme de treize mil livres en auroit efté employé fix mil deux cens cinquante livres dix-fept fols au rachat defdites deux rentes de huit cens quatre-vingts douze livres
cinq fols, & fept cens cinquante livres, & fix mil fept cent quarente-neuf livres trois fols,
au payement des arrerages écheus jufques au jour defdites Quittances, & de deux mil fix
cens foixante-douze livres cinq fols pour les arrerages defdits fix mil deux cens cinquante livres dix-fept fols, faifant partie defdites fommes de quatorze mil deux cens foixante-feize livres,
& douze mil livres de principaux écheus depuis le 27 Janvier 1672, cinq années avant l'oppofition, du 27 Janvier 1677, ledit fieur le Tellier Chancellier de France de la fomme de vingt-
quatre mil cinq cens foixante-fept livres douze fols de fort principal de douze cens vingt huit
livres fept fols fept deniers de rente, faifant partie defdites deux mil fix cens livres conftituez
pur ladite Duchefle d'Aiguillon audit nom, par ledit Contrat du 28 Decembre 1653, au profit
dudit Jean-Baptifte Colbert de Saint Pouanges, lequel auroit ledit jour fait declaration qu'en
ladite conftitution de deux mil fix cens livres, il y avoit douze cens vingt-huit livres fept
fols fept deniers de rente qui appartenoient audit fieur le Tellier Chancellier de France, pour
avoir fourny ladite fomme de vingt-quatre mil cinq cens foixante-fept livres douze fols,
faifant partie de celle de cinquante- deux mil livres pour le principal de ladite rente, payée par
ladite Duchefle d'Aiguillon aufdits de Roufielet & fa femme, & d'Efcamin, par lefdites deux
Quittances, du trente dudit mois de Decembre 1653, portant lefdites fubrogations, de laquelle
fomme de vingt-quatre mil cinq cens foixante-fept livres douze fols, en auroit efté employé
onze mil fix cens trente-huit livres dix neuf fols neuf deniers au rachat defdites deux rentes de
huit cens quatre-vingt douze livres cinq fols, & fept cens cinquante livres, & douze mil neuf cens
vingt-huit livres douze fols trois deniers, au payement des arrerages écheus jufqu'au jour defdites Quittances, & de quatre mil neuf cens quatre-vingt fept livres neuf fols cinq deniers
pour les arrerages defdits onze mil fix cens trente-huit livres dix-neuf fols neuf deniers,
faifant partie defdites fommes principales de quatorze mil deux cens foixante- feize livres, &
douze mil livres écheus depuis le 17 Juillet 1672, cinq années avant l'oppofition du 17 Juillet
1677, ledit Jean-Baptifte Michel Colbert Evefque de Montauban, de la fomme de quatorze
mil quatre cens trente livres, foit principal de fept cens vingt une livres dix fols, faifant partie defdits deux mil fix cens livres de rente conftituée par ladite Duchefle d'Aiguillon audit
nom, par ledit Contrat du 28 Decembre 1653, au profit dudit Jean-Baptifte Colbert de Saint
Poüanges, lefdits fept cens vingt-une livres dix fols de rente écheus audit Colbert Evefque
de Montauban par le partage fait entre luy & ledit Edoüard Colbert en la fucceffion dudit
Colbert de Saint Poüanges leur pere, de laquelle fomme de quatorze mil quatre cent trente

livres en auroit esté employé six mil cinq cent cinquante livres dix-sept sols au rachat desdites deux rentes de huit cens quatre-vingt douze livres cinq sols, & sept cens cinquante livres,
& sept mil huit cens soixante dix neuf livres trois sols, au payement des arrerages écheus jusques au jour desdites Quittances , & de la somme de deux mil huit cens onze livres huit sols
deux deniers pour les arrerages desdits six mil cinq cens cinquante livres dix-sept sols, faisant
partie desdites sommes principales de quatorze mil deux cens soixante-seize livres, & douze
mil livres écheus depuis le 2 Decembre 1672 , cinq années avant l'opposition, du 2 Decembre
1677, ledit de Cassagnet de Tilladet, legataire universel dudit Gabriel de Cassagnet de Tilladet son pere, de ladite somme de quinze mil cinq cens livres pour le principal de sept cens
soixante-quinze livres de rente constituée par ladite Duchesse d'Aiguillon au profit dudit de
Cassagnet de Tilladet pere , par Contrat dudit jour 28 Decembre 1653, ladite somme de quinze
mil cinq cens livres avec celle de cinquante-deux mil livres aussi emprunté par ladite Duchesse
d'Aiguillon dudit Colbert de Saint Poüanges, par le precedent Contrat , du mesme jour 28
Decembre 1653, faisant ladite somme de soixante-sept mil cinq cens livres payée par ladite Duchesse d'Aiguillon ausdits d'Escamin & de Rousselet sa femme, par lesdites deux Quittances,
du 30 dudit mois de Decembre 1653, portans subrogations de leurs droits , hypoteques , & privileges au profit de ladite Duchesse d'Aiguillon, & ladite Duchesse d'Aiguillon au profit desdits Colbert de Saint Poüanges & de Cassagnet pere , de laquelle somme de quinze mil cinq
cens livres en auroit esté employé au rachat & admortissemens desdites deux rentes de huit cens
quatre-vingt douze livres cinq sols, & sept cent cinquante livres , sept mil huit cens treize livres
onze sols trois deniers , & sept mil six cens quatre-vingts six livres huit sols neuf deniers , au
payement des arrerages desdites deux rentes écheuës jusques au jour desdites deux Quittances
desdits d'Escamin, de Rousselet & sa femme , dudit jour trente Decembre 1653 , & de la somme
de trois mil trois cens quarente-quatre livres dix-neuf sols trois deniers pour les arrerages
de ladite somme de sept mil huit cens treize livres onze sols trois deniers , faisant partie desdites
deux sommes principales de quatorze mil deux cens soixante-seize livres , & douze mil livres
écheuës depuis le 17 Juillet 1672 , cinq années avant l'opposition dudit de Cassagnet de Tilladet,
du 17 Juillet 1677 , lesdits sieurs le Tellier Chancellier de France , Edoüard Colbert de Villacerf,
Jean-Baptiste Michel Colbert Evesque de Montauban , & de Cassagnet de Tilladet, de la somme de cinq cens livres , faisant le reste desdites deux sommes de cinquante-deux mil livres d'u-
ne part , & quinze mil cinq cens livres d'autre, empruntée par ladite deffunte Marie de
Vignerod Duchesse d'Aiguillon par lesdits deux Contrats de Constitutions , dudit jour 28
Decembre 1653 , ladite somme de cinq cens livres payée par ladite Duchesse d'Aiguillon audit
Masson Procureur en la Cour, par Quittance du 22 Janvier 1654, pour la part & portion
que ledit du Plessis Duc de Richelieu devoit porter des frais faits par ledit Masson , adjugez & liquidez par ledit Arrest , du 6 Septembre 1653 , ladite Quittance portant aussi subrogation dudit Masson au profit desdits Colbert de Saint Poüanges & de Cassagnet de Tilladet pere , & avant faire droit sur l'opposition desdits Marie Baudin & Jacques Collet ,
Michel Collet, Gabrielle Collet, femme separée de biens de Gabriel Chassebras , & Marie
Marthe Collet pour estre colloquez , dudit jour 22 Aoust mil six cens quarente-un , pour la
somme de vingt-deux mil cinq cens soixante-quinze livres dix sols contenuë en l'Obligation de ladite deffunte Duchesse d'Aiguillon, & interests d'icelle ; Ordonné que les Parties
contesteront plus amplement , & cependant toucheront lesdits creanciers cy-dessus colloquez,
dudit jour 22 Aoust 1641, & les posterieurs à leurs cautions juratoires, lesdits de Sorbonne
du 23 May 1640, de la somme de deux mil deux cens cinquante livres pour le droit d'indemnité
des trois quarts d'une maison sise ruë des Poirées, acquise par ledit deffunt Cardinal de Richelieu de François Foucault, par Contrat du 15 Novembre 1642, enclose dans ladite Eglise
de Sorbonne , au payement de laquelle somme de deux mil deux cens cinquante livres lesdits
de Sorbonne ont esté condamnez envers l'Abbé de Saint Victor lez Paris , & ladite Duchesse
d'Aiguillon audit nom , acquiter, garantir & indemniser lesdits de Sorbonne dudit droit d'indemnité , par Sentences du Chastelet de Paris , du 23 Juin 1654 , & 3 Février 1663, &
depuis ledit Duc de Richelieu aussi condamné par ledit Arrest , du 23 Juin 1667, d'acquiter
lesdits de Sorbonne dudit droit d'indemnité , & à quoy il se seroit obligé par ladite Transaction du onze Janvier 1674, laquelle somme de deux mil deux cens cinquante livres sera
employée en fonds au profit de ladite Abbaye Saint Victor , suivant ladite Transaction du onze
Janvier 1674 , de la somme de sept cens quarente-trois livres quinze sols pour les interests
desdits deux mil deux cens cinquante livres adjugez par lesdites Sentences écheus depuis ladite Transaction, du onze Janvier 1674 , de trente sols pour douze années , de deux sols six
deniers de cens, dont ladite maison estoit tenuë payer par lesdits de Sorbonne audit Abbé de
Saint Victor qui se sont trouvez deubs avant la Transaction du 28 May 1646, & de la
somme à laquelle se trouveront monter les dépens adjugez ausdits de Sorbonne, par lesdites
Sentences , Arrests & Transaction suivant la taxe qui en sera faite en la maniere accoustumée , lesdits Dormoy Principal dudit College de Nostre-Dame des Dix-huit , & Bourciers

dudit College , du 19 Juin 1643, de la somme de seize mil livres à laquelle le supplement de la juste valeur dudit College auroit esté arbitré , par Arrest rendu entr'eux & ledit Duc de Richelieu , le 30 Juin 1670 , par lequel Arrest ledit Duc de Richelieu auroit esté condamné de payer ladite somme de seize mil livres ausdits Principal & Bourciers dudit College , pour estre par eux employée en fonds d'heritages ou construction des bastimens commencez pour l'establissement de leur nouveau College proche la Porte Saint Jacques de cette Ville de Paris , & de la somme de sept mil neuf cens vingt-neuf livres quatre sols pour les interests de ladite somme de seize mil livres écheus depuis le 25 Septembre audit an 1670 , jusques au jour du present Arrest, adjugez par Arrest du 13 Février 1671 , & encore de la somme à laquelle se trouveront monter les dépens adjugez ausdits Principal & Bourciers , par ledit Arrest du 30 Juin 1670 , lesquels ils seront tenus de faire taxer en la maniere accoustumée, lesdits de Sorbonne, du 28 May 1646, jour de la Transaction passée entr'eux, & ladite Duchesse d'Aiguillon audit nom, pour la garentie des principaux & arrerages de cent vingt-sept livres dix-huit sols huit deniers de rente d'une part , & soixante six livres treize sols quatre deniers aussi de rente d'autre , desquelles deux rentes lesdits de Sorbonne comme possesseurs d'une maison sise ruë des Maturins , acquise par ledit Cardinal de Richelieu de Jacques & Charles Picard , par Contract du 10 Novembre 1642 , auroient esté condamnez passer titre nouvel & reconnoissance au profit de Dame Catherine Talon, épouse de Messire   le Picard, Seigneur de Perigny , Maistre des Requestes, par Sentence dudit Chastelet , du 23 Decembre 1653 , & ladite Duchesse d'Aiguillon aud. nom, d'acquitter lesdits de Sorbonne de ladite condamnation, à laquelle garentie ledit Duc de Richelieu s'est obligé par ladite Transaction , du 11 Janvier 1674 , suivant & conformement audit Arrest , du 23 Juin 1667 , qui l'y auroit condamnée, & cependant toucheront les creanciers posterieurs à leur caution juratoire , & dudit jour 28 May 1646 , seront lesdits de Sorbonne payez de la somme à laquelle se trouveront monter les dépens à eux adjugez , par lesdites Sentences , Arrest & Transaction , aussi suivant la taxe qui en sera faite avec ceux à eux cy-dessus adjugez en la maniere accoustumée ; ledit Michel le Prestre en son nom, & comme cessionnaire d'André Claude le Prestre son frere, & ladite Marie le Prestre veuve de Louis de Gaignon, sieur de Villaine, concurremment entr'eux, du 24 Mars 1648, de la somme de dix huit mil livres pour le sort principal de mil livres de rente constituez par ladite deffunte Duchesse d'Aiguillon audit nom, au profit de Dame Anne le Camus de Jambuille, par Contrat dudit jour 24 Mars 1648 , ladite rente écheuë ausdits Michel, André, Claude & Marie le Prestre par le partage fait entr'eux le 17 Mars 1657 ; sçavoir audit Michel le Prestre en son nom, la somme de six mil quatre cent cinquante-cinq livres, & comme cessionnaire dudit André Claude le Prestre son frere, cinq mil quatre-vingt dix livres, faisant lesdites deux sommes celle de onze mil cinq cent quarante-cinq livres : De deux mil cinq cent livres pour les arrerages desdits onze mil cinq cent quarante-cinq livres, échus jusques au douze Février 1657, & de quatre mil huit cens soixante-dix livres dix sols onze deniers, pour ceux échus depuis le treize Mars 1672, cinq années avant l'opposition par luy formée au Decret du 13. Mars 1677, & ladite Marie le Prestre de la somme de six mil quatre cent cinquante-cinq livres, faisant le reste de ladite somme de dix-huit mil livres : De la somme de deux mil livres pour les arrerages desdits six mil quatre cent cinquante-cinq livres, échus jusques audit jour 12. Février 1657, & encore de deux mil sept cens vingt-trois livres quatre sols, pour autres arrerages desdits six mil quatre cent cinquante-cinq liv. échus depuis ledit jour 13 Mars 1672. cinq ans avant son opposition du huit May 1677. Lesdits de Troisvilles du cinq Juin 1648, de la somme de sept mil deux cens soixante dix livres deux sols, sçavoir six mil livres pour le principal de trois cent trente-trois livres six sols huit deniers de rente constituez par ladite Duchesse d'Aiguillon, audit nom, au profit des Religieuses , Prieure & Convent de Nôtre-Dame de Joüare, par Contrat dudit jour cinq Juin 1648, & douze cent soixante-dix livres pour les arrerages de ladite rente échus, jusques au 29 Mars 1653. Ladite somme de sept mil deux cent soixante-dix livres, faisant partie de la somme de quarante-cinq mil livres, empruntée par ladite Duchesse d'Aiguillon dudit sieur Troisville pere , payée par Quitance du 29. dudit mois de Mars 1653. portant subrogation par lesdites Abesse & Religieuses de Joüare au profit dudit de Troisville pere. De la somme de trois mil cent livres , pour les arrerages de ladite somme de six mil liures, échus depuis le 21. Avril 1670, cinq années auparavant l'opposition du 21 Avril 1675, aux Scellez apposez après le deceds de ladite Duchesse d'Aiguillon. Plus du 4 Aoust audit an 1648, de la somme de dix mil trois cent trente-neuf livres trois sols deux deniers, sçavoir neuf mil livres pour le principal de cinq cent livres de rente, constituez par ladite Duchesse d'Aiguillon, audit nom, au profit des Religieuses Carmelites de la ruë Chapon de Paris , par Contract dudit jour quatre Aoust 1648, & treize cent trente-neuf livres trois sols deux deniers pour les arrerages de ladite rente échus, jusques au 29 Mars 1653. Ladite somme de dix mil trois cent trente neuf livres trois sols deux deniers, faisant aussi partie de la somme de quarante-cinq mil livres, empruntée par ladite Duchesse d'Aiguillon dudit de Troisville pere, par ledit Contrat du 28 Mars 1653 , payée par ladite Duchesse d'Aiguillon , par quitance dudit jour 29 Mars 1653, portant subrogation par lesdites Religieuses au profit dudit de Troisville, de la somme de quatre mil fix cent cinquante livres, pour les arrerages de la fomme de neuf mil liures, échus depuis ledit jour 21 Avril 1670, cinq années avant ladite oppofition du 21. Avril 1675. Plus du dernier Aouft 1648, lefdits de Troifvilles feront payez de la fomme de cinq mil fept cent dixfept livres onze fols dix deniers, fçavoir cinq mil livres pour le principal de deux cent foixante dixfept livres quinze fols fix deniers de rente, conftituez par ladite Ducheffe d'Aiguillon, audit nom, comme ayant l'adminiftration des perfonne & biens dudit Duc de Richelieu, au profit defdites Religieufes Carmelites de la ruë Chapon, par Contrat dudit jour dernier Aouft 1648, & fept cent dixfept livres onze fols dix deniers pour les arrerages de ladite rente échus, jufques audit jour 29 Mars 1653, ladite fomme de cinq mil fix cent dixfept livres onze fols dix deniers, faifant auffi partie de ladite fomme de quarante-cinq mil livres, empruntée par ladite Ducheffe d'Aiguillon dudit de Troifvilles pere, payez par quitance dudit jour 29 Mars 1653, portant fubrogation par lefdites Religieufes au profit dudit de Troifvilles pere, de la fomme de deux mil cinq cent quatre-vingt trois livres fix fols huit deniers, pour les arrerages de ladite fomme de cinq mil livres échus, depuis ledit jour 21 Avril 1670, cinq années avant ladite oppofition du 21 Avril 1675. Lefdits Tambonneau, de Malbranche, de Hannivel, & Joffier, Creanciers & Directeurs des autres Creanciers defdits Thomas Bonneau, Pierre Aubert & Claude Chaftelain du 18 May 1649, de la fomme de dixhuit mil livres, pour le fort principal de mil livres de rente, par ladite Ducheffe d'Aiguillon, efdits noms, conftituée au profit de Jean Perret Bourgeois de Paris, par Contrat paffé pardevant lefdits Parque & Vaulrier Notaires, ledit jour 18 May 1649. lequel Perret avoit le mefme jour & pardevant les mefmes Notaires, déclaré que ladite rente appartenoit à Dame Claude Bonneau, veuve Meffire Louis Chauvelin, Maiftre des Requeftes, qui avoit fourny ladite fomme de dixhuit mil livres, laquelle Bonneau auroit cedé le principal & arrerages de ladite rente au profit dudit Thomas Bonneau fon pere avec autre rente de deux mil livres deuë par Meffire François Pouffart & fa femme, par Tranfport paffé pardevant Gaudion & Guyon Notaires audit Chaftelet, le 18 Mars 1658, laquelle rente de mil livres conftituée par la dite Ducheffe d'Aiguillon, la dite Bonneau auroit donné en échange à Meffire René François du Ber-Crefpin Marquis de Vardes, & Dame Catherine Nicolai fa femme avec autres rentes pour la terre Seignerie & Chaftellenie de Peffe, & la Prévôté de la Baffe-roche, circonftances, & dépendences fcituée dans le Baillage de Touraine coûtume de Blois, par contrat paffé pardevant Galloys & Symonet Notaires au Chaftelet de Pais le 10 Decembre 1660. Lefquels du Ber-crefpin & fa femme auroient pardevant les mefmes Notaires cedé la dite rente de mil livres avec les autres rentes échangés par le prefent contrat, à Bertrand François Huget de Semonville Secretaire du Roy, par tranfport du 18 dudit mois de décembre 1660. Ladite rente rétrocedée par ledit Huguet de Semonville audit Thomas Bonneau par acte paffé pardevant lefdits Galloys & Symonnet Notaires, le 20 Avril 1660. & par contrat paffé pardevant Guyon fon compagnon Notaire audit Châtelet, les 17 & 20 Septembre mil fix cens foixante & trois. Dame Anne Sallet veuve dudit Bonneau accaufe de la Communauté qui avoit été entre ledit deffunt & elle, & Maiftre Pierre Hubert tuteur de Marie Bonneau feule heritiere dudit Bonneau, Meffire Eftienne Bonneau Prefident à Mortier au Parlement de Mets, René Claude & Victor Bonneau, & Dame Marie Bonneau femme de Meffire Eftienne Baron de Pleurs, Meffire Denis Marin Intendant des Finances tuteur de Marie Anne Bonneau; tous legataires, auroient delaiffé & abandonné à Meffire Jean de Turguan Maiftre des Requeftes, aufdits Tambonneau, Malbranche, de Hannivel, & autres y nommez Creancers des fommes y mentionnés, tant de la fucceffion dudit Bonneau que defdits Aubert & Chaftelain fes coobligés pour les fommes deuës aufdits Creanciers, tous les meubles, immeubles, & effects de quelque nature & condition qu'ils foient, eftans de la fucceffion & communauté dudit Bonneau & deladite Sallet fa veuve, particulierement declarés en l'Inventaire qui en avoit été fait par Leraton & ledit Guyon Notaires le 26 Janvier & autres jours fuivans de la dite Année mil fix cens foixante trois; & en un autre Inventaire des biens de lad. fucceffion étant au lieu de Valner & autres lieux de Touraine, par Baudois Notaire, lefquels Aubert & Chaftelain auroient confenti l'execution dudit contrat en ce qui les concernoit, & de la fomme de 8338 livres 10 fols pour les arrerages de la rente de mil livres échûs depuis le fept Aouft 1672 cinq années avant l'oppofition du fept Aouft 1677. & fur l'oppofition formée en fous ordre par ledit Bruneau afin de toucher ladite collocation, ordonne que Bruneau & lefdits Tamboneau & confors efdits noms contefteront plus amplement, pour fçavoir qui touchera le principal, & les arrerages de la dite rente de mil livres; dépens pour ce régard refervés : ladite Marie Françoife Feydeau veuve dudit Jerôme le Maiftre, Prefident en la quatriéme Chambre des Enqueftes, du 16 Septembre 1650, de la fomme de neuf mil livres, fort principal de cinq cent livres de rente conftituée par ladite Ducheffe d'Aiguillon, par Contrat paffé pardevant Bergeon & Couffret, Notaires au Chaftelet de Paris, ledit jour 16 Septembre 1650, portant declaration que ladite fomme de neuf mil livres eftoit pour employer au payement des anciennes debtes defdits Cardinal & Duc de Richelieu, & de la fomme de quatre mil fix cent trente-fix livres pour les arrerages defdits cinq cent livres de rente écheus depuis le 16 May 1671, cinq années avant l'oppofition, du 16 May 1676, ladite Marguerite de Saluffe veuve d'Yves de la Cointerie-

Perdrix,

Perdrix, du 2 Decembre 1652, de la somme de vingt mil livres contenuë en la Promesse de ladite deffunte Duchesse d'Aiguillon, du 11 May 1651. faite au profit de René de Goulard Chevalier, Seigneur de la Boulidiere, au payement de laquelle somme & interests lad. Duchesse d'Aiguillon auroit esté condamnée audit nom d'Administratrice de la personne, & biens dudit Duc de Richelieu par sentence des Requestes du Palais dudit jour 2. Decembre 1652. Confirmée par arrest du deux Avril 1653. Lequel de Goulard auroit fait declaration par acte soubs Seing privé dudit jour 11. May 1651. De ladite somme de vingt mil livres au profit de Jacques de Rasteil Bourgeois de Paris; ledit acte reconnu & confirmé ledit jour par autre acte passé pardevant le Semelier & Lecat Notairess audit Chastelet, en consequence desquels actes, ledit de Rasteil auroit cedé ladite somme de vingt mil livres & interests audit de la Cointerieperdris, par transport passé pardevant lesdits le Semelier & Lecat Notaires le 17. Septembre 1660. Au payement de laquelle somme de vingt mil livres & interests ladite Duchesse d'Aiguillon esdits noms se seroit obligée envers ledit de la Cointerie-perdris, par contrat passé pardevant lesdits Notaires, le 17. Septembre mil six cens soixante, & de la somme de 16633. livres cinq sols pour les interets de ladite somme de vingt mil livres écheus depuis le dernier Decembre mil six cens soixante trois, jusques au quel jour ceux écheus ont esté payés, en execution de l'Arrest d'ordre du prix de la terre de Bois-le-Vicomte du sept Septembre 1665. Sur lesquels interets deduction sera faite de la somme de 4444. liv. 9. s. 4. d. payés par ladite deffunte Duchesse d'Aiguillon audit nom, & par elle couchés en la dépence du compte qu'elle y rendus audit Duc de Richelieu & alloüez par l'Arrest du cinq Septembre 1674. Lesdits de Trois-villes du 28. Mars 1653. de la somme de 909. livr. 16. s. pour les arrerages desdits 18. cens dix neuf livres douze s. faisant partie de lad. somme de 21819. livres douze sols, pour laquelle ils ont esté cy dessus colloqués, à compter depuis le 21. Avril 1670. cinq années avant l'opposition formée le 21. Avril 1670, cinq années avant l'opposition, du Avril 1675. aux scelés apposés aprés le deceds de ladite Duchesse d'Aiguillon, de la somme de six cent trente-cinq livres trois sols six deniers pour les arrerages desdits douze cent soixante dix liv. sept sols, faisant partie desdits sept mil deux cent soixante-dix livres sept sols, pour laquelle lesdits de Troisvilles ont aussi esté cy-dessus colloquez, échus depuis ledit jour 21 Avril 1670, cinq années avant l'opposition du 21 Avril 1675 formé ausdits scellez, de la somme de six cent soixante-neuf liv. onze sols sept de. pour les arrerages desdits treize cent trente-neuf livres trois sols deux den. faisant partie de lad. somme de dix mil trois cent trente-neuf liv. trois sols deux den. pour laquelle lesdits de Trois ville ont esté cy-dessus colloquez, écheus depuis ledit jour 21 Avril 1670, cinq années avant l'opposition dudit jour 21 Avril 1675, & encore de la somme de trois cent cinquante huit livres quinze sols onze deniers pour les arrerages desdits sept cent dix-sept livres un sol dix deniers, faisant partie de ladite somme de cinq mil sept cent dix-sept livres onze sols dix deniers, pour laquelle lesdits de Trois-ville ont esté cy-dessus colloquez, écheus depuis ledit jour 21 Avril 1670, cinq années avant ladite opposition, dudit jour 21 Avril 1675, formée ausdits scellez. Ledit d'Espinville du 26 Septembre 1653, de la somme de quinze cent soixante onze livres onze sols dix deniers pour les arrerages de ladite somme de trois mil six cent trente-huit livres neuf sols, écheus depuis le 29 Decembre 1671, cinq années avant l'opposition par luy formée au decret, le 29 Decembre 1676, dudit jour, de la somme de deux cent dix huit livres deux sols sept deniers pour les interests de ladite somme de cinq cent cinq livres faisant partie desdits deux mil huit cent cinquante-trois livres treize sols neuf deniers, pour laquelle ledit d'Espinville a esté cy-dessus colloqué, écheus depuis ledit jour 29 Decembre 1671, cinq années avant l'opposition, dudit jour 20 Decembre 1676, de la somme de cent cinquante-quatre livres dix sols sept deniers pour les interests desdits trois cent cinquante-sept livres dix-huit sols, faisant partie desdits deux mil quatre cent quatre-vingt huit livres huit sols sept deniers, pour laquelle ledit de Glué a esté aussi cy-dessus colloqué, écheus depuis ledit jour 29 Decembre 1671, de cent quatre-vingt livres douze sols trois deniers pour les interests desdits quatre cent dix livres, faisant partie desdits sept cent vingt une livres quatre sols, pour laquelle ledit de Glué a aussi esté cy-dessus colloqué, écheus depuis ledit jour 29 Decembre 1671, cinq années avant ladite opposition, du 29 Decembre 1676, de la somme de deux cent quatre-vingt dix-neuf livres dix-neuf sols deux deniers pour les arrerages desdits six cent quatre vingt dix-huit livres cinq sols, faisant partie desdits neuf cent trente-une livres, pour laquelle ledit d'Espinville a esté cy-dessus colloqué, écheus depuis ledit jour 29 Decembre 1671, cinq années avant ladite opposition, du 29 Decembre 1676 de la somme de soixante-seize livres dix huit sols huit deniers pour les arrerages desdits cent soixante dix huit livres deux sols six deniers, & faisant partie desdits quatre cent soixante dix huit livres deux sols six deniers, pour laquelle ledit Glué d'Espinville a esté cy-dessus colloqué, écheus depuis ledit jour 29 Decembre 1671, cinq années avant l'opposition, dudit jour 29 Decembre 1676, de la somme de deux cent cinquante-trois livres onze sols quatre deniers pour les arrerages desdites deux sommes de deux cent vingt-deux livres quatre sols d'une part, & trois cent douze livres d'autre, faisant partie desdits quatorze cent trente-quatre livres quinze sols, pour laquelle ledit d'Espinville a esté cy-dessus colloqué, écheus depuis ledit jour 29 Decembre 1671, cinq années avant ladite opposition, & de la somme de quatre-vingt cinq livres six sols sept deniers pour les arrerages de cent quatre-vingt treize livres deux sols, faisant partie de ladite somme de quatre cent quatre-vingt treize livres deux sols pour laquelle led. d'Espinville a pareillement esté cy dessus colloqué, écheus depuis ledit jour 29 Decembre 1660, cinq années avant ladite opposition, ledit Edoüard Colbert, du 28 Decembre 1653 de la somme de deux mil huit cent quatre-vingt seize livres huit sols onze deniers pour les arrerages de ladite somme de six mil sept cent quarente-neuf livres trois sols pour laquelle ledit Colbert a esté cy-dessus colloqué, écheus depuis le 7 Janvier 1672, cinq années avant l'opposition, du 27 Janvier 1677, ledit sieur le Tellier Chancellier de France, dudit jour 28 Decembre 1653, de la somme de cinq mil deux cent trente-deux livres six sols pour les arrerages de ladite somme de douze mil neuf cent vingt-huit livres douze sols trois deniers, pour laquelle il a esté cy-dessus colloqué, écheus depuis le 17 Juillet 1672, cinq années avant son opposition, du 17 Juillet 1677, ledit Jean Baptiste Michel Colbert, dudit jour 28 Decembre 1653, de la somme de trois mil vingt-neuf livres sept sols quatre deniers pour les arrerages de ladite somme de sept mil huit cent soixante dix-neuf livres trois sols, pour laquelle il a esté cy-dessus colloqué, écheus depuis le deux Decembre 1672, cinq années avant l'opposition, du deux Decembre 1677, ledit Cassagnet de Tilladet, dudit jour 28 Decembre 1653, de la somme de trois mil cent six livres onze sols quatre deniers pour les arrerages de ladite somme de sept mil six cent quatre-vingt six livres huit sols neuf deniers, pour laquelle il a esté cy-dessus colloqué, écheus depuis le 17 Juillet 1672, cinq années avant l'opposition, du 17 Juillet 1677, ledit Edoüard, Jean-Baptiste Michel Colbert, Sieur le Tellier Chancellier de France, & de Cassagnet de Tilladet, dudit jour 28 Decembre 1653, de la somme de deux cent quatorze livres quinze sols pour les arrerages de ladite somme de cinq cent livres, pour laquelle ils ont esté cy-dessus colloquez, écheus depuis le 27 Janvier 1672, cinq années avant ladite opposition, du 27 Janvier 1677, lesdits Phelippeaux & Anne Loisel sa femme, du 21 Mars 1654, de la somme de trois mil six cent soixante trois livres trois sols onze deniers pour les interests desdits huit mil quatre cent quatre-vingt une livres neuf sols trois deniers, faisant partie desdits vingt mil six cent trente une livres neuf sols trois deniers, pour laquelle somme lesdits Phelippeaux & sa femme ont esté cy-dessus colloquez à compter du 17 Juillet 1672, cinq années avant l'opposition, du 17 Juillet 1677, & de la somme de dix-huit cent quatre-vingt neuf livres quatre sols six deniers pour les arreaages desdits quatre mil quatre cent une livres quinze sols, faisant partie desdits sept mil trois cent soixante-huit livres dix neuf sols neuf deniers, pour laquelle somme lesdits Phelippeaux & sa femme ont esté cy dessus colloquez, écheus dudit jour 17 Juillet 1672, cinq années avant l'opposition, dudit jour 17 Juillet 1677, ledit Choiselat comme ayant droit par transport de Paul Rossignol, par Acte du 24 Avril 1656, mis en ordre aprés les creanciers, & legataires dudit Cardinal de Richelieu, & comme creancier particulier dudit Duc de Richelieu, du 27 Octobre 1650, de la somme de six mil quarante neuf livres, restant de plus grande somme à luy deuë par arresté de compte, du 15 Janvier 1650, fait & signé par ladite Duchesse d'Aiguillon esdits noms, laquelle somme elle auroit esté condamnée payer par Sentence du Chastelet, dudit jour 27 Octobre 1655, & de sept mil huit cent soixante livres cinq sols neuf deniers pour les interests écheus depuis ledit jour 27 Octobre 1655, & encore des dépens adjugez par ladite Sentence, ledit Amelot de Chaillou, du 27 Juillet 1660, de la somme de trente-six mil livres pour le sort principal de deux mil livres de rente, constituez par ledit Duc de Richelieu, & Dame Anne Poussard de Foret sa femme au profit dudit Amelot, par Contrat dudit jour 27 Juillet 1660, & des arrerages écheus depuis le 7 Aoust 1672, cinq années avant l'opposition, du cinq Aoust 1677, ladite Dame Marie Magdelaine Tereze de Vignerod Duchesse d'Aiguillon, heritiere beneficiaire pour les biens scituez en Païs de Droit Ecrit, & legataire universelle des biens scituez en Païs Coustumier, de ladite deffunte Marie de Vignerod Duchesse d'Aignillon sa tante, du cinq Septembre 1674, jour de l'Arrest, qui a jugé le compte rendu par ladite Duchesse d'Aiguillon audit Duc de Richelieu, de la somme de six mil quatre cent livres payez par ladite Duchesse d'Aiguillon à ladite Anne Glué veuve Pierre Meraut, par Quittance de ladite Glué, rescriptions & endossemens d'ordres & mandemens, des seize Janvier, & Septembre 1670, 25 Janvier 1671, & 6 Février 1672, pour partie des arrerages de la rente deue à ladite Glué, comme ayant ledit Merault les droits dudit deffunt sieur de la Moignon, de la somme de deux mil livres payée par ladite Duchesse d'Aiguillon esdits noms, ayant l'administration de la personne & biens dudit Duc de Richelieu, aux Directeurs de l'Hospital General ayans droit par declaration de ladite Marie Defita, pour deux années d'arrerages de la rente de mil livres constituée par ladite Duchesse d'Aiguillon audit nom, au profit de ladite Defita, par ledit Contrat du 27 Septembre 1653, suivant les Quittances du Receveur dudit Hospital General, des 7 Janvier, & 28 Février 1668, de la somme de trois mil trois cent quatre-vingt livres sept sols un denier, payée par ladite Duchesse d'Aiguillon audit nom, aud. Jacques Collet sur les interests de ladite somme de vingt deux mil cinq cent soixante-quinze livres dix sols pa elle empruntée, par obligation du 28 Septembre 1653, au profit de Nicolas Guillebert, de laquelle obligation ledit Collet auroit acquis les droits de François le Mazier & Denise Baudin ayant droit dudit Guillebert, au payement de laquelle somme & interests d'icelle, ladite Duchesse d'Ai-

guillon auroit esté condamnée par Sentence des Requestes du Palais , du onze Septembre 1654 ,
suivant la Quittance dudit Collet, des 21 Fevrier 1669, & 17 Février 1672 , de la somme de seize
mil deux cent livres payez par ladite Duchesse d'Aiguillon , pour les arrerages de deux mil six cent
livres de rente , par elle constituée au profit dudit Colbert de Saint Poüanges , par ledit Contrat
du 28 Decembre 1653 , suivant les Quittances desdits sieur le Tellier Chancellier de France , Colbert de Saint Poüanges , Colbert de Villacerf , & Colbert Evesque de Montauban , des 19 Juillet 1668 , 12 Février 1669 , 27 & 31 Janvier , 7 Mars , , ,14 , & 22 May 1671 , de la somme de
quatre mil cinq cent onze livres payez par ladite Duchesse d'Aiguillon pour les arrerages de ladite rente de sept cent soixante quinze livres par elle constituée au profit dudit de Cassagnet de
Tilladet, par ledit Contrat du 28 Decembre 1653 , suivant les Quittances dudit de Tilladet , des
20 Avril 1668 , 15 Juillet 1671 , & 9 Aoust 1673 , de la somme de trois mil livres payez par ladite Duchesse d'Aiguillon pour les arrerages desdits quatorze cent livres de rente par elle constituée par ledit Contrat du 21 Mars 1654 , au profit dudit Jolly audit nom de tuteur des enfans
dudit Loisel qui en auroit fait declaration ausdits Phelippeaux & sa femme par leur Contrat
de Mariage, suivant la Quittance dudit Phelippeaux , du 18 Février 1669 de la somme de deux
mil livres payez par ladite Duchesse d'Aiguillon pour les arrerages de ladite rente de mil livres
par elle constituée par ledit Contrat du 16 Mars 1654, au profit dudit Bourlon, veuve dudit Jolly,
suivant la Quittance dudit Jean François Jolly fils & heritier de ladite Bourlon, des 27 Juillet
1666 , 22 Février 1668 , 7 Juillet 1669 , & 8 Mars 1670 , de la somme de treize mil sept cent
dix-sept livres quatorze sols six deniers payez par ladite Duchesse d'Aiguillon sur les arrerages de
ladite rente de mil livres par elle constituée par ledit Contrat, du 24 Mars 1648, au profit de
ladite le Camus de Jambuille , suivant les Quittances desdits André , Claude , Michel & Marie le Prestre, heritiers de ladite le Camus, & de ceux qui avoient leurs droits, des 26 Mars 1660,
11 Mars 1664 , 7 Mars 1665 , 3 Mars & 12 Juillet 1668, 19 May 1670, 17 & 22 Février , & 22
Juin 1672 , 31 May, & 28 Juillet 1673 , & 2 Novembre 1674 , de la somme de dix-neuf mil livres payez par ladite Marie de Vignerod Duchesse d'Aiguillon pour les arrerages de lad. rente
de 2500 liv. par elle constituée au profit dudit de Peyré de Trois-ville pere, par ledit Contrat du 28
Mars 1653. suivant les quittances dés 13, Avril 24. Juillet 26. Septembre 1668. 15. Juillet. &
vingt cinq Novembre 1670. 20. Febvrier 1671. 16. Febvrier, 26. Juillet, & 28. Decembre 1672.
de la somme de 14500. livres payée par ladite Duchesse d'Aiguillon, pour les arrerages de ladite rente de mil livres par elle constituée par ledit contrat du dix-huitiéme May 1649. au profit dudit Bonneau, au lieu duquel sont les Creanciers dudit Bonneau suivant les quittances dés
trois Juillet & dernier Decembre 1657. vingt vn Aoust & six Decembre 1658, vingt-un Mars
& vingt Decembre 1659. vingt-tois Aoust. & deux Octobre 1660. huit Juin mil six cens soi-
xante-un, vingt-un Avril mil six cens soixante deux, sept Novembre 1664. premier Septenbre
1667. trois Octobre 1670. sept Avril 1671 & vingt-six Juin 1673. de la somme de trois mille
trois cens livres payés par ladite Duchesse d'Aiguillon, sur les interets de la somme de vingt mil
livres par elle empruntée dudit René de Goullard par ladite promesse du douze May 1651. Au
payement de laquelle somme & interests d'icelle ladite Duchesse d'Aiguillon anroit esté condamnée par Sentence des Requestes du Palais du deux decembre 1652. confirmée par Arrest du
deux Avril 1653. & depuis cedée audit de la Cointerie. Perdris suivant l'arresté de Compte &
Quittance de ladite de Saluce veuve , dudit de la Cointerie perdris , dés dix-huit Octobre
1674. & dix-sept Febvrier 1675. de la somme de six mil livres payées par ladite Duchesse
d'Aiguillon sur les arrerages de ladite rente de cinq cens livres, par elle constituée, au profit
dudit le Maistre par ledit Contrat du seize Septembre 1650. suivant les Quittances dudit le
Maistre, & de ladite Feydeau sa veuve dés seize Janvier & vingt- trois Octobre 1664. neuf
Septembre 1668. quinze Eévier, & vingt cinq Juin 1671 & unze Juillet 1672. des Interets
de touttes lesdites sommes cy dessus échus depuis le 31. Juillet 1677. jour de l'opposition de
ladite Marie Magdelainne Therese de Vignerod Duchesse d'Aiguillon, desquelles sommes
énoncées aux douze precedens Articles , & interets. Ladite Duchesse d'Aiguillon ne sera
payée qu'aprés que les Creanciers envers lesquels lad. Marie de Vignerod Duchesse d'Aiguillon sa Tante est obligée, auront esté entierement payés de leurs principaux arrerages, &
interets, sauf à ladite Duchesse d'Aiguillon, à se pourvoir pour le payement desdites sommes
& interets, pour lesquels elle a esté colloquée, par le present Arrest, contre ledit Duc de
Richelieu , ainsi qu'elle advisera bon estre , en consequence du compte à luy rendu
par ladite Marie de Vignerod Duchesse d'Aiguillon, jugé par ledit Arrest du cinq Septembre
1674. & transaction faite. le trois Mars 1675. Deffences au contraire. Declare le presént
Arrest commun avec ledit Armand de Sallard, & avec lesdits Legataires, particuliers de ladite deffunte Duchesse d'Aiguillon , & en consequence sans s'arester aux demandes desdits
legataires particuliers, cessionnaires de ladite Marie Magdelaine Tereze de Vignerod Duchesse
d'Aiguillon, heritiere beneficiaire de ladite deffunte Duchesse d'Aiguillon , dont ladite Cour les
a déboutez , fait mainlevée aux creanciers cy dessus colloquez des oppositions & saisies desdits
legataires particuliers, sauf à eux à se pourvoir pour leursdits legs à eux faits par ladite

deffunte d'Aiguillon contre ladite Marie Magdelaine Terefe de Vignerod Ducheffe d'Aiguillon ainfi qu'ils adviferont bon eftre, & deffences au contraire, & aprés tous lefdits creanciers
cy-deffus colloquez payez, feront lefdits Efcorolle, Dubois, & Adminiftrateurs de l'Hofpital
General oppofans, aprés le decret fcellé & délivré payez concurremment, fçavoir ledit Efcorolle Dubois comme exerçant les droits de Zavoby Liony, & de René Vireau, en confequence
des Contrats des 31 Aouft, 13 Septembre 1677, paffez entre ledit Dubois & les Directeurs des
creanciers defdits Zavoby Liony & Vireau des fommes de quinze cent trente huit livres dix fols
d'une part, contenus en l'executoire du Grand Confeil, du 20 Decembre 1650, & de cent foixante
dix-fept livres feize fols fept deniers pour les interefts depuis le 26 Mars 1678, jour de fon oppo-
tion, & lefdits Directeurs de l'Hofpital General ayans droit par declaration de Damoifelle Marie Defita veuve Maiftre Jacques Viole Confeiller au Chaftelet, par Contrat du 20 Janvier
1657, de la fomme de vingt mil livres, fort principal de mil livres de rente conftituée par ladite
deffunte Ducheffe d'Aiguillon efdits noms, au profit de ladite Defita, par Contrat du 27 Septembre 1653, laquelle fomme de vingt mil livres auroit efté employée au remboursement &
payement de plufieurs parties de principaux & arrerages de rentes deuës par la maifon de Luxembourg & des arrerages de ladite rente de mil livres qui fe trouveront legitimement deuës, ordonne que fur la fomme de cinq mil cent quatre-vingt fept livres trois fols quatre deniers, pour
laquelle ladite Hoüel a efté cy deffus colloquée, lefdits Buquet, de Vaflé le jeune & de Sallard
oppofans, fur elle en fous-ordre, feront payez, fçavoir ledit Buquet, du 24 Mars & 22 Juin
1678, jour de la fignification du Transport à luy fait par ladite Houel, le 13 dudit mois, de la
fomme de trois mil livres à luy cedée par ledit Transport, à prendre fur le principal de ladite
fomme, pour laquelle ladite Hoüel a efté colloquée, au payement de laquelle fomme & interefts, ladite Hoüel a efté condamnée par Sentence du 22 Aouft 1676, & de fix cent trois livres
douze fols pour les interefts, depuis le 12 Aouft mil fix cens foixante feize, ledit Pierre de Vaflé,
du 22 Juillet 1678, de la fomme de fept cent vingt-fept livres feize fols trois deniers pour les arrerages de deux cent vingt deux livres quatre fols cinq deniers de rente conftituée par ladite Houel
au profit de Meffire Jacques de Vaflé, duquel ledit Pierre de Vaflé le jeune eft heritier pour un
tiers, par Contrat du 7 May 1662, à luy cedée par Meffire Pierre de Vaflé fon frere aifné, avec
autres rentes par Contrat du 8 Octobre 1665, lefdits arrerages écheus depuis le 7 May 1677,
jufques au jour du prefent Arreft, fuivant la faifie faite és mains du Receveur des Confignations,
le 22 Juillet 1678, & l'Acte d'oppofition formée au Greffe de la Cour, le 12 Janvier 1680, & pour
la fomme de quatre mil livres, fort principal de ladite rente, ledit Nicolas Armand de Sallart, des
14 & 15 Septembre, & 29 Novembre 1679, jours de la fignification du Transport à luy fait par
ladite Hoüel, le 3 Septembre 1678, de la fomme de dix-huit cent quatre-vingt huit livres portez
par ledit Transport; Ordonne que fur les fommes pour lefquelles lefdits Jacques & Elifabeth
Noury ont efté colloquez par le prefent Arreft, leurs creanciers oppofans en fous-ordre,
feront payez, fçavoir ledit Forcadel fur ledit Jacques Noury, du 21 Septembre 1674, de la fomme de deux mil livres, pour le fort principal de cent livres de rente conftituée à fon profit par ledit Noury, Marie Camart fa femme, & Marguerite Quentin veuve de Martin Camart, par
Contrat dudit jour 20 Septembre 1674, à prendre fpecialement fur les deux mil livres & interefts, faifant le tiers de ladite fomme de fix mil livres pour laquelle ledit Jacques Noury & fes
coheritiers ont efté colloquez par le prefent Arreft, & de huit cent trente-une livres quinze fols
pour les interefts, depuis le 19 Mars 1673, cinq années avant l'oppofition, du 19 Mars 1678, ledit François Nolin fur ladite Elifabeth Noury, du 10 Octobre 1676, de la fomme de cinq cent
livres contenuë au Transport à luy fait, ledit jour 10 Octobre 1676, par ledit Noury, fignifié le
13 dudit mois, & en confequence de l'Acte d'oppofition par luy formé au Greffe de la Cour,
le 20 Mars 1677, & de quatre-vingt quinze livres fix fols fix deniers pour les interefts defdits
cinq cent livres écheus depuis le premier dudit mois d'Octobre 1676, jufques au jour du prefent
Arreft, & ledit Jean le Noble fur ladite Elifabeth Noury, du 7 Sept. 1677, de la fomme de feize
cens quatrevingt livres à luy deuë par Contrat du 23 May 1676, & de 361 livres 11 fols pour les interets adjugés par fentence du trois Juillet, 1675. Stipulés par ledit Contrat, écheus depuis ledit
Contrat, & fur les fommes, pour lefquels ledit Philipeaux, a efté coloqué par le prefent
Arreft; feront lefdits de Fieubet, & Groffart, fur luy oppofans en foubs ordre, payé: fçavoir
ledit de Fieubet, des treize Janvier & cinq Février 1678. jour de la Saifie faite à fa Requefte fur ledit Philipeaux, és mains du Receveur des confignation de ladite Cour, & de l'oppofition formée au Greffe de la fomme de huit mil livres advancés par ledit de Fieubet par Acte
du 18. Septembre 1676. à Meffire Balthazard Philipeaux à la reftitution de laquelle fomme &
interets, lefd. François & Balthazard Philipeaux fe feroient folidairement obligés par ledit Acte
au payement de laquelle fomme & interets d'icelle, lefdits Philipeaux, auroient efté folidairement condamnés par Sentence dudit Chaftelet, du fix Avril 1678. & de fept cens foixante
neuf livres dix fept fols dix deniers, pour les interets defdits huit mil livres échus depuis led.
jour dix-huit, Septembre 1678. ledit Ifaac Groffard ayant droit par Transport de Richard le
Mefle par Contrat du dix-fept Février 1671. du vingt deux Decembre 1679. jour de fon oppofition

poſition, de la ſomme de deux mil neuf cens vingt-cinq livres reſtant à payer de celle de cinq mil neuf cens vingt-cinq livres contenuës en l'obligation ſolidaire deſdits François, & Balthazard Philipeaux, au profit dudit le Meſle; au payement de laquelle ſomme de deux mil neuf cens vingt-cinq livres, reſtant & intereſts leſdits Philipeaux, auroient eſté ſolidairement condamnés par Sentence dudit Chaſtelet du cinq Septembre 1670. & de neuf cens cinquante neuf livres dix ſols pour les intereſts de ladite ſomme de deux mil neuf cens vingt cinq livres échus depuis le trois dudit mois de Septembre 1670. adjugés par ladite Sentence, juſques au jour du preſent Arreſt. Ordonne que ſur les ſommes pour leſquelles ledit Michel le Prêtre, à auſſi eſté colloqué par le preſent Arreſt , Ses Creanciers oppoſans en ſoubs ordre, ſeront payés; ſçavoir ledit Guyet, du treize Juin mil ſix cens ſoixante-neuf de la ſomme de dix mil livres pour le ſort principal de cinq cens liures de rente conſtituée à ſon profit , par Anne de Sarus femme dudit le Prêtre, tant en ſon nom, que comme fondée de Procuration dudit le Prêtre, par Contrat dudit jour treize Juin, 1669. & des arrerages deſdits cinq cens livres de rente échus, à compter de cinq années avant la demande. Plus du neuf Janvier 1671. de la ſomme de huit mil livres, pour le ſort principal de quatre cens livres de rente conſtituée ſollidairement par leſdits le Prêtre, & ſa femme, au profit dudit Guyet, par Contrat dudit jour neuf Janvier 1671. pour ſeureté du payement & continuation de ladite rente,& de celle conſtitué par ledit Contrat du treize Juin 1669. & par autre Contrat du ſeize Febvrier 1670. Leſdits le Prêtre & ſa Femme ſe ſeroient obligés de fournir, dans deux Ans, bonne & ſuffiſante caution: & par Sentence des Requeſtes du Palais du vingt-deux May, 1674. leſdits le Prêtre, & ſa Femme, faute d'avoir fourny ladite Caution, auroient eſté condamnez, racheter leſdites trois rentes, en payer les arrerages, frais, loyauv, cours, & dépens, & des arrerages deſdits quatre cens livres de rente échus juſques au jour du preſent Arreſt, & pour ladite rente conſtituée par ladite de Sarus, au profit dudit Guyet par ledit Contrat du ſeize Février 1670. Ordonné que ledit Guyet, ſe pourvoira contre ledit de Sarus, ainſi qu'il aviſera bon eſtre , deffenſes au contraire, & ſur les ſommes pour leſquelles ladite Marie le Preſtre a eſté colloquée par le preſent Arreſt , ordonne que ſes creanciers ſur elle oppoſans en ſous-ordre ſeront payez, ſçavoir ledit Loüis François de Vaſſé, du 22 Novembre 1677 , jour de ſon oppoſition , de la ſomme de cinq mil livres pour le ſort principal de deux cent cinquante livres de rente conſtituée au profit dudit de Vaſſé par ladite le Preſtre , ſolidairement avec ledit de Gagnon ſon mary , par Contrat du 17 May 1668 , & des arrerages deſdits deux cent cinquante livres de rente, écheus cinq ans auparavant l'oppoſition, du 22 Novembre 1677 , & de ceux depuis écheus juſques au jour du preſent Arreſt , ladite Suſanne Marie Ioüin, du 6 Iuillet 1680 , jour de ſon oppoſition , de la ſomme de cent cinquante livres contenuë en l'obligation de ladite le Preſtre , faite au profit de ladite Iouin , ledit jour premier Iuin 1676 , paſſée pardevant Lange & ſon Compagnon Notaires au Chaſtelet de Paris , de la ſomme de deux cent ſoixante-deux livres dix ſols contenuë en une autre Obligation faite par ladite le Preſtre au profit de ladite Iouin , ledit jour 13 Aouſt 1679, & des intereſts deſdites deux ſommes écheus depuis le 14 Aouſt 1679 , adjugée par Sentence du Chaſtelet , du 29 Novembre 1679 , & de celle à laquelle ſe trouveront monter les deſpens adjugez par ladite Sentence,leſquels ladite Iouin ſera tenu de faire taxer dans quinzaine avec les Procureurs de ladite le Preſtre & deſdits de Sorbonne pourſuivans ; ledit Claude le Févre, du 14 Iuin 1674 , de la ſomme de ſept cent cinquante livres contenuë en l'Obligation de ladite le Preſtre , dudit jour 14 Iuin 1674 , & des intereſts depuis le 22 Novembre 1675 , adjugez par Sentence du Chaſtelet , du onze Février 1678 , & ayant égard aux interventions deſdits de Rohan & ſa femme, & Aubry, & deſdits de l'Arche , Merault & de Sainte Marthe, ordonne que ladite ſomme de vingt mil livres pour le ſort principal de mil livres de rente & arrerages d'icelle , pour leſquels ledit d'Eſpinville a eſté colloqué par le preſent Arreſt ſeront payez, ſçavoir auſdits de Rohan & ſa femme ladite ſomme de vingt mil livres pour le principal de ladite conſtitution ,& la ſomme de cinq cent quarente.ſix livres cinq ſols pour les arrerages d'icelle écheus depuis le deux Février 1680,& ladite Aubry la ſomme de deux mil livres pour deux années d'arrerages de ladite rente écheus ledit jour deux Février 1680 , en conſequence de l'échange faite de la Terre de Vaucelas, le 22 Septembre 1659 , avec ladite rente , & autres rentes entre leſdits deffunts Guillaume de Cochefillet & Pierre Meraut ſieur de Bonnes , & auſdits de l'Arche , Meraut & de Sainte Marthe la ſomme de trois mil livres pour trois années d'arrerages de ladite rente écheuës au deux Fevrier 1678 , à luy cedez par ledit Glué d'Eſpinville, par Contrat du 18 Avril 1680 , & ſur les ſommes pour leſquelles ladite M. Magdelaine Tereze de Vignerod Ducheſſe d'Aiguillon, a auſſi eſté colloquée par le preſent Arreſt , ordonne que les creanciers ſur elle oppoſans en ſous-ordre ſeront payez, ſçavoir leſdits de Peyre de Trois-villes , du 27 Mars 1680, du ſort principal & arrerages qui leur reſteront deubs de ladite rente de deux mil cinq cent livres , pour laquelle ils ont eſté cy-deſſus colloquez ſur ledit Duc de Richelieu en cas qu'ils ne ſoient entierement payez de leur collocation ; ladite de Saluſſe du deux Decembre 1652 , de la ſomme de vingt mil livres , pour laquelle elle a eſté cy-deſſus colloquée & des intereſts ; & à cette fin declare leſdites Obligation , Sentence, Tranſport & Arreſt obtenuës contre ladite deffunte Ducheſſe d'Ai-

H

guillon, executoires contre ladite Marie Megdelaine Tereze de Vignerod Duchesse d'Aiguillon son heritiere, comme ils estoient contre ladite deffunte, lesdites Marguerite Charpentier veuve Claude le Mazier, Nicolas Vitart & Marguerite le Mazier, du sept Mars 1679, jour de leur opposition, de la somme de six mil cent trente-cinq livres sept sols dix deniers, en laquelle ladite de Vignerod Duchesse d'Aiguillon, a esté condamnée envers Marguerite Passart veuve François le Mazier, vivant Procureur en la Cour, par Arrest du 25 Février 1677, de la somme de onze mil six cent quarente-trois livres six sols dix deniers, en laquelle ladite Duchesse d'Aiguillon & ledit Duc de Richelieu ont esté solidairement condamnez par ledit Arrest, rendu en execution de ceux des trente Decembre 1654, sept Septembre 1657, & sept Septembre 1658, déclarez executoires à l'encontre de ladite de Vignerod Duchesse d'Aiguillon, comme ils estoient contre ladite deffunte Marie de Vignerod Duchesse d'Aiguillon sa tante, & des interests desdites sommes de six mil cent trente-cinq livres sept sols dix deniers, & onze mil six cent quarente-trois livres six sols dix deniers, écheus depuis ledit jour sept Mars mil six cent soixante dix-neuf ; lesdits Tambonneau de Mallebranche, d'Hanninel & Jossier Creanciers & Directeurs des autres Creanciers desdits Bonneau, & Aubert, & Chastelain, du treiziéme Avril, 1680. du surplus de la somme de dix huit mil livres, pour le sort principal de ladite rente de mil livres constituée pa ladite deffunte Marie de Vignerod Duchesse d'Aiguillon, tant en son nom, que pour & au nom, & se faisant, & portant fort dudit Duc de Richelieu, par ledit Contrat, du 18. May, 1649. passé pardevant Sargue, & Vautier, Notaires audit Chastelet abandonnée ausdits Directeurs par la veuve, Enfans & heritiers dudit Bonneau, par Contrat passé pardevant Guyon, & son Compagnon Notaires audit Chastelet, lés dix-sept, & vingt Septembre, 1663. en cas qu'ils n'en soient payez sur ledit Duc de Richelieu, & des arrerages de ladite rente de mil livres, & aprés lesdits Creanciers cy dessus opposans en soubs ordre payéz seront lesdits Directeurs, de l'Hopital General, aussi opposans en soubs ordre sur ladite Duchesse d'Aiguillon, aprés le Decret scelé & délivré payée de ce qui se deffaudra de ladite somme de vingt mil livres, & arrerages pour lesquels ils ont cy-dessus esté coloquées sur ledit Duc de Richelieu, en cas qu'ils n'en soient entierement payez, tous les arrerages, & interets cy-dessus adjugées, sur le pied des Constitutions, & à raison des Ordonnances' jusques au jour du present Arrest, en affirmant par tous les Creanciers utilement coloqués, mesme en temps de Vacations pardevant le Conseiller Rapporteur, & en cas d'absence pardevant maistre Estienne Daurat. Que lesdites sommes principal, arrerages, & interests, leurs ont bien legitimement & entierement deûs. A debouté & deboute ledit Chasteau de son opposition, pour les Droits Seigneuriaux par luy pretendus de la vente faite au Cardinal de Richelieu, le 14. Mars 1640. de la Terre, & Seigneurie de Barbezieux, pour le payement desquels Droits ledit Duc de Richelieu, aux qualitez qu'il procede, auroit composé à la somme de vingt-quatre mil livres, par Transaction passée entre ledit Duc de Richelieu & Anne Sanguin, veuve Guillaume Raoult Conseiller au Parlement de Bretagne, fils & heritier par benefice d'inventaire de Iacques Raoul, Seigneur & Evesque de Xainte, le 18 Ianvier 1675, dont le tiers montant à huit mil livres, a esté payé du consentement de ladite Sanguin, au Procureur du Chapitre de ladite Eglise de Xaintes, en consequence du legs fait du tiers desdits droits Seigneuriaux par ledit Sieur Evesque de Xaintes audit Chapitre, par son Testament du vingt-huit Avril 1660, par Nicolas Truquoy Receveur des Tailles en l'Eslection de Xaintes, ayant charge & faisant pour Arnaud Anges Fermier de ladite Terre de Barbezieux, & de ses deniers procedans du prix du Bail de ladite Terre & Seigneurie de Barbezieux, & a la décharge dudit Duc de Richelieu, suivant les Actes des quinze Février, neuf & onze Novembre 1677, produite au Procés ; & en consequence a receu & reçoit ledit de Hautefort opposant à l'execution de l'Arrest du neuf Ianuier 1680, & deffenses de l'executer ; & en cas qu'il ait esté executé, condamne lesdits Chasteau ou autres personnes qui se trouveront avoir touché la somme de quinze mil livres portée par ledit Arrest, du neuf Ianvier 1680, icelle rendre & restituer és mains du Receveur des Consignations, & à ce faire contraint en vertu du present Arrest, a débouté ledit de Hautefort tant de son opposition en sous-ordre sur ledit Chasteau, & de l'opposition par luy formée audit Arrest, passé entre lesdits de Sorbonne & ledit Chapitre de Xaintes, le vingt-sept Février 1680, que des autres demandes portées par sa Requeste, du premier Juillet 1680, sauf audit de Hautefort à se pourvoir contre ledit Chasteau & autres, pour la restitution des trente mil livres par luy pretendus payez, ainsi qu'il verra bon estre, deffenses au contraire, & sauf aux creanciers utilement colloquez par le present Arrest, à se pourvoir pour la restitution de la somme de quatre mil livres adjugée par provision à la veuve & heritiers Collet, par Arrest du dix-sept Janvier mil six cent quatre-vingt, en cas que ladite somme ait esté payée, deboute lesdits creanciers opposans cy-dessus colloquez, du surplus de leurs oppositions & demandes, comme aussi déboute lesdits François Marquis de Hautefort & Luce audit nom, qui ont produit, & lesdits Anne Sanguin veuve de Guillaume Raoult, Louis de Campet, Jean le Roy, Catherine & Elizabeth Plomet, Sigismond Constant leur curateur esdits noms, François de Halloy & Jean-Baptiste de Mouchy Directeurs des Creanciers de Pierre Miguelle & sa femme, & Charles de Loris, & autres, qui n'ont produit de leurs oppositions, ensemble lesdits Nicolas Moreau opposans en sous-ordre sur ladite Marie le Prestre, Michel & Suzanne Charles, Anne Saulnier, Charles Capitain, Nicolas Dupont, Bonnaventure Guyart & sa femme, Julien Bernard & sa femme, Anne, Marie & Denise le François, opposans en sous-ordre sur ladite de Vignerod, & ledit Mestivier aussi opposant en sous-ordre sur ledit Glué d'Espinville de leurs oppositions, tous autres despens que ceux cy-dessus adjugez compensez. FAIT en Parlement, le vingt-unième Aoust mil six cent quatre-vingt.

Pour Copie.

www.ingramcontent.com/pod-product-compliance
Lightning Source LLC
LaVergne TN
LVHW051327200726
843510LV00002B/547